Bruno Kern

Die großen Gebete der Menschheit

Bruno Kern

Die großen Gebete der Menschheit

marixverlag

Bibliografische Information der Deutschen Nationalbibliothek
Die Deutsche Nationalbibliothek verzeichnet diese Publikation in der
Deutschen Nationalbibliografie; detaillierte bibliografische Daten sind im
Internet über
http://dnb.d-nb.de abrufbar.

Es ist nicht gestattet, Abbildungen und Texte dieses Buches zu scannen,
in PCs oder auf CDs zu speichern oder mit Computern zu verändern oder
einzeln oder zusammen mit anderen Bildvorlagen zu manipulieren, es sei
denn mit schriftlicher Genehmigung des Verlages.

Alle Rechte vorbehalten

© by marixverlag GmbH, Wiesbaden 2012
Lektorat: Paulus Enke, Leipzig
Covergestaltung: Nicole Ehlers, marixverlag GmbH
nach der Gestaltung von Thomas Jarzina, Köln
Bildnachweis: Gipfelkreuz des Kleines Gilfert,
zur Verfügung gestellt vom Tourismusverband Silberregion
Karwendel, www.silberregion-karwendel.com
Satz und Bearbeitung: C&H Typo-Grafik, Miesbach
Gesetzt in der Palatino
Gesamtherstellung: CPI books GmbH, Ulm
Printed in Germany

ISBN: 978-3-86539-966-3

www.marixverlag.de

*Für Adeodatus (Florian Zimmermann),
meinen Mystagogen*

INHALT

Einleitung: Das Gebet in einer säkularisierten Welt 13

I. Die jüdisch-christliche Tradition 23

   Höre Israel! 25

   Das Gebetbuch der Bibel: Der Psalter 29

      Psalm 23 32

      Psalm 139 33

   „Herr, lehre uns beten!" – Das Vaterunser 34

   „Die Despoten stürzt er vom Thron" –
      Der Lobgesang Mariens 38

   Schemone Esre – Das Achtzehngebet 41

   Für die Gemeinschaft des Lebens 47

   „Du bist mir innerlicher als ich mir selbst!" –
      Augustinus von Hippo 49

   „Komm, Schöpfer Geist!" 52

   Der Sonnengesang des Poverello 55

   Der „Doctor angelicus" und die Sinnlichkeit des
      Glaubens 59

      Adoro te devote 61

   Thomas Morus: Freiheit des Gewissens und Sinn für
      Humor 63

   „Wir sind Bettler. Das ist wahr." – Der Beter Martin
      Luther 65

      Aus tiefer Not 67

INHALT

Mitten wir im Leben 68

Ignatius von Loyola und der je größere Gott 69

„Ich bin ein Weib, und noch dazu kein gutes!" –
Teresa von Avila und die spanische Mystik 71

Das „Friedensgebet des Franz von Assisi" –
Ein Pseudonym 76

El malej rahamim – Gott voller Erbarmen 78

Gebet für die Märtyrer heute 81

II. Der Islam 85

Aus dem Koran 88

Das „Vaterunser" des Islam 88

Ein islamisches Glaubensbekenntnis 88

Transzendenz und Immanenz Gottes 89

Die schönsten Namen Allahs 91

Bei einem Begräbnis 94

Rabi'a von Basra und die reine Gottesliebe 95

Du bist mir vollauf genug 96

Zwei Lieben 97

„Ich bin die schöpferische Wahrheit!" –
Der Sufi Hussain Mansur Al-Halladj 97

Gebet vor Pilgern in Mekka 99

Gebet vor der Hinrichtung 99

Morgengebet des Al-Ghazâli 99

Dschelal-eddin Rumi: Trunken vor Liebe 101

Reiche mir die Hand 103

Anbetung 104

Gottwerdung 104

Ich bin Du 105

Aus dem „Gesang über die Gottesliebe" 105

Du einzige Sonne 105

Ibn Ata Allah und die zuvorkommende Gnade Gottes 106

III. Religionen Ost- und Südostasiens 111

An Brahma 113

Der Rig-Veda – Das heilige Wissen Indiens 114

Beichte an den Gott Varuna 115

„Mache mich unsterblich!" – Hymne an Soma 116

An Agni, den Feuergott 118

An Krishna 120

Die Quintessenz der Weisheit 121

Das Unnennbare Eine: Tao 124

Abhängigkeit und der Mittlere Pfad 128

Gebet zu Buddha 130

Buddhistisches Gebet aus China 131

Shinran: ein „buddhistischer Luther"? 132

Das Lotos-Sutra 134

Bekenntnis und Gebete des Guru Nanak 136

Gebete des Swami Vivekananda 139

Gebete des Rabindranath Tagore 143

Eine Handvoll Staub 145

Unendlichkeit 145

Bitte 145

Inhalt

Dank 146

Mitte meines Herzens 146

Reisegefährte 147

Dein Ebenbild 147

Meine und deine Melodie 148

Die Ernte meines Lebens 148

„Mahatma" Gandhi 149

Lieder aus dem Gefängnis 153

Gebete aus Gandhis Ashrams 158

IV. Indigene Kulturen 161

Afrika 162

Bitte um Hilfe an Imana 165

Hymnus auf Mwari 166

Hilferuf eines Buschmanns 167

Klage der Pygmäen aus Gabun im Exil 167

Wade in the water 169

When Israel was in Egypt's land 170

Aus den Tiefen der Erde – Der Eröffnungsgesang der „Missa dos Quilombos" 172

Amerika 174

Hymne an Viracocha 176

Gebet an Viracocha 177

Heilige Lieder des Schamanen der Kwakiutl 177

Gebet der Sioux 178

Dank an die Mutter Erde 179

An Pachamama 179

Ozeanien 180
  Gebet einer Frau aus Tahiti 181
  Klagelied aus Hawaii 182

Literatur 183

EINLEITUNG

Das Gebet in einer säkularisierten Welt

Eine persönliche Erinnerung sei mir hier als Einstieg gestattet: Mitte der Achtzigerjahre des vorigen Jahrhunderts, als die Welt im Kalten Krieg erstarrt war, beteiligte ich mich als junger Dominikanermönch an der Initiative „Ordensleute für den Frieden". Im Hunsrück war damals die Stationierung der sogenannten *cruise missiles* geplant, atomar bestückter Marschflugkörper, die mit ungeheurer Zerstörungskraft das Territorium des „Feindes" erreichen und eine äußerste Gefahr für die gesamte Zivilisation heraufbeschwören konnten. Wir zogen gemeinsam an den geplanten Stationierungsort. Mit den uns geläufigen Ausdrucksmitteln – der prophetischen Zeichenhandlung, biblischen Texten, konventionellen und neu formulierten Gebeten und Liedern – versuchten wir das zu bannen, angesichts dessen es uns die Sprache verschlug. Zur selben Zeit hatte eine Gruppe von engagierten Frauen aus Norddeutschland dort ihr Zeltlager aufgeschlagen. Für die meisten von ihnen war Religion ein archaisches Relikt aus längst verschwundenen Zeiten, und so wurden wir von ihnen zunächst als die exotischen Vertreter eines aussterbenden Volksstammes wahrgenommen. Umso überraschender war es dann für uns, als eine dieser Frauen bekannte, sie hätte uns dafür beneidet, dass wir offensichtlich noch über eine Sprache verfügten, um das auszudrücken, woran uns jede säkulare Sprache hilflos scheitern lässt.

Gerade in einer entzauberten Welt, in der uns nicht mehr wie selbstverständlich das Numinose hinter den Ereignissen begegnet, sondern in der wir es hauptsächlich mit unseren eigenen Artefakten zu tun haben, scheint eine Sehnsucht nach einer Sprache neu aufzubrechen, die das Unbedingte, das Unverfügbare unserer Existenz zu formulieren imstande ist. Wo Sprache zum banalen Verständigungsmittel verflacht, gibt sie den Menschen auch den herrschenden Zuständen preis, liefert sie ihn an das reibungslose Funktionieren des Bestehenden aus, verrät sie seine Sehnsucht nach Ganzheit, Integrität und bleibender Gültigkeit jenseits des Kreislaufs von Konsumieren und Produzieren. In diesem Sinn versteht denn auch Johann Baptist Metz Beten als einen „Akt des Widerstands", Gebetssprache als Widerstandssprache gegen die herrschende Banalität und Apathie (Metz 2011, 111 f). Auch Menschen, die sich selbst als atheistisch, agnostisch, als „religiös unmusikalisch" (Max Weber, gern auch von Jürgen Habermas auf sich selbst angewandt) bezeichnen mögen, suchen nach einer Sprache, die den Menschen nicht aufgibt und nicht vollends an die Zeitverhältnisse ausliefert. Oft greifen sie auf das religiöse Menschheitserbe zurück, für das offensichtlich nicht so leicht Ersatz zu finden ist. So hielt etwa Pier Paolo Pasolini die Redeweise von der „Heiligkeit des Lebens" für unabdingbar, um Humanität zu schützen und um zu verhindern, dass sich der Mensch selbst wieder „zurückkreuzt zum findigen Tier" (K. Rahner). Peter Wust, ein gläubiger Philosoph des 20. Jahrhunderts, hat in seinem berühmten Abschiedswort vor seinem Tod diesen Zusammenhang zwischen Gebet und Bewahrung des Menschseins im emphatischen Sinn formuliert: „Ein Mensch wächst für mich in dem Maße immer tiefer hinein in den Raum der Humanität – nicht des Humanismus –, wie er zu beten imstande ist ..." (Wust [11]1984, 11f) Genau hier sehe ich die Relevanz der Gebetssprache, weit über die religiöse Sphäre im engeren Sinne hinaus. So verstehen sich die in diesem Buch gesammelten und erschlossenen Gebete – eine kleine Auswahl aus dem reichen Schatz der Menschheit – nicht als Museumsstücke, die man mit mehr oder weniger gleichgültigem Interesse bestaunen kann, sondern als einzigartige Dokumente des Ringens der Menschen um ihr eigenes Subjektsein angesichts von Angst, Schuld, Endlichkeit. Und dieses Erbe kann durchaus von Zeitgenossen angeeignet werden, die sich selbst nicht als religiös definieren.

Es gibt wohl kaum eine Sprache, die so reichhaltig ist wie die Sprache des Gebetes. Der protestantische Religionswissenschaftler Friedrich Heiler hat in seiner bahnbrechenden religionswissenschaftlichen Studie zum Gebet dieses als den „Ausdruck eines elementaren Dranges nach höherem, reicherem, gesteigertem Leben", eines „mächtigen Verlangens nach Leben" bezeichnet: „Der hungernde Pygmäe, der um Speise fleht, der begeisterte Mystiker, der sich in die Größe und Schönheit des unendlichen Gottes versenkt, der schuldgedrückte Christ, der um Sündenvergebung und Heilsgewissheit bittet – alle suchen das Leben; sie suchen Behauptung, Erhöhung und Bereicherung ihres Lebensgefühls; selbst der buddhistische Bettelmönch, der sich meditierend zur vollkommenen Gelassenheit emporarbeitet, sucht in der Verneinung des Lebens ein höheres und reineres Leben zu erlangen." (Heiler 1918, 411) Genau darauf ist wohl der schier unerschöpfliche Reichtum der Gebetssprache zurückzuführen. Auch für den katholischen Theologen Johann Baptist Metz ist die Gebetssprache umfassender als jeder rationale Diskurs, sie sei „die einzige Sprache ohne Sprachverbote", sie kenne „die unglaubliche Bandbreite der Verästelungen menschlicher Existenz", sie sei die „seltsamste und doch verbreitetste Sprache der Menschenkinder, eine Sprache, die keinen Namen hätte, wenn es das Wort ‚Gebet' nicht gäbe" (Metz 2006, 98).

Heilers Befund, der das Motiv des Gebets im gesteigerten Lebenswillen erkennt, kann natürlich religionskritisch gewendet werden – wäre da nicht unübersehbar ein Charakterzug der Gebetssprache, der sich quer durch die religiösen Traditionen feststellen lässt: die Inanspruchnahme des Beters. Gebet ist eben nicht einfach die Affirmation unserer Bedürfnisse und Wünsche, die auf eine göttliche Instanz projiziert werden. Diese göttliche Instanz wird vielmehr durchaus als „anspruchsvoll" empfunden, sie nimmt den Beter in Beschlag, weist ihn ein in das, was seiner puren Selbstbehauptung schlicht widerstreitet: in die Solidarität mit fremdem Leid. Was Johann Baptist Metz für die jüdisch-christliche Tradition herausstellt, lässt sich m.E. durchaus etwa auch für den Buddhismus mit seinem zentralen Impetus der *Compassio*, des Mitleidens, und andere religiöse Traditionen behaupten. Ja radikaler noch als in der jüdisch-christlichen Tradition wird anderswo die außermenschliche Kreatur in dieses Mitleiden einbezogen. Mit einer religionskritischen Betrachtungsweise der Gebetssprache lässt es sich auch schwer vereinbaren, dass Beten selbst den fragenden Zweifel mit einbezieht, die eigene Existenz ebenso in Zweifel zieht wie die göttliche Instanz, an die man sich wendet, und dass die Gebetssprache nicht nur die Klage, sondern eben auch die Anklage Gottes, den Protest gegen ihn kennt. Genau darin gründet sich die Würde des Beters, der eben – bei aller empfundenen Differenz zum Göttlichen und bei allem „Gefühl schlechthinniger Abhängigkeit" (F. Schleiermacher) – auch in seinem Bitten nicht unterwürfig und knechtisch sein muss, sondern eben darin seine Würde und unhintergehbare Freiheit affirmiert.

Wer sich – aus welchem Motiv auch immer – mit den religiösen Traditionen der Menschheit beschäftigen will, der tut dies am besten über deren Gebete. Bereits Friedrich Heiler hat in seiner klassischen Studie festgestellt, das Gebet sei das zentrale Phänomen der Religionen, im Beten werde die Religion – im Gegensatz zu dogmatischen Systemen, mythischen Erzählungen, Riten oder Moralkodizes – erst eigentlich erfasst, da das Gebet den eigentlichen Vollzug der Religion darstelle (*oratio est proprie religionis actus*, wusste bereits Thomas von Aquin). (vgl. Heiler 1918,1–3) Authentische Gottrede ereignet sich im Gebet, in der Anrufung einer göttlichen Instanz durch den Beter. Alle andere religiöse Rede ist letztlich davon abgeleitet, ein Derivat der Gebetssprache. Diese Auffassung bestätigt kein Geringerer als der jüdische Religionsphilosoph Martin Buber: „Wenn an Gott glauben ... bedeutet, von ihm in der dritten Person reden zu können, glaube ich nicht an Gott. Wenn an ihn glauben bedeutet, zu ihm reden zu können, glaube ich an Gott." (Buber ³1978, 56) Die unterschiedliche Eigenart von Religionen und Kulturen lässt sich eben deshalb am besten an der jeweiligen Gebetssprache ablesen.[1]

Diese Vielfalt der Gebetssprache, in der sich die Vielfalt der Religionen und ihres je unterschiedlichen Verständnisses des Absoluten ausdrückt, soll in dieser Anthologie nicht von vornherein eingeengt werden. Friedrich Heiler lässt als Gebet nur den „lebendigen Verkehr des Frommen mit dem persönlich gedachten ... Gott" (Heiler 1918, 413) gelten. Diesem Verständnis schließe ich mich hier ausdrücklich nicht an. Es käme sonst einer Ausgrenzung aller Religionen gleich, die kein theistisches Verständnis teilen. Die reiche religiöse Tradition Asiens müsste zu einem großen Teil unberücksichtigt bleiben. In Bezug auf den Buddhismus etwa ist die Frage zulässig, ob er überhaupt als Religion und nicht vielmehr als Erkenntnisphilosophie zu begreifen ist. In jedem Fall aber ist er nicht am Maßstab einer okzidentalen, theistischen Auffassung vom Absoluten zu messen. Für Heiler ist der Buddhismus eine „Heilsreligion ohne Gottes- und Gnadenglaube", sein

---

[1] Die in diesem Band gebotenen religionswissenschaftlichen Informationen zu den einzelnen Gebeten bzw. religiösen Traditionen mussten denkbar knapp und deshalb in vielen Fällen notgedrungen oberflächlich ausfallen. Für vertiefte Informationen dazu kann ich deshalb nur auf die einschlägigen religionswissenschaftlichen Standardwerke, Kompendien etc. verweisen. Besonders geeignet scheint mir zu sein: Grabner-Haider/Prenner (Hg.), Darmstadt 2004.

„Gebet" sei deshalb eine „Versenkung ohne persönliche Hinkehr zu einem summum bonum" (Heiler 1918, 408). Selbstverständlich kann man als jemand, der in einer monotheistischen religiösen Tradition verwurzelt ist, die Frage stellen: „Wie betet eigentlich ein Buddhist, der jede Subjektivität als Illusion durchschauen will?" Man sollte sich jedoch davor hüten, sich hier selbst zum Maßstab zu machen und gerade die religiösen Ausdrucksweisen abzuwerten, die einen besonders hohen Grad an Reflexivität und philosophischer Überzeugungskraft aufweisen. Wenn Heiler die buddhistische Versenkung als eine „Abart der mystischen Gebetsweise" bezeichnet, dann muss der unüberhörbar pejorative Zungenschlag heute entschieden zurückgewiesen werden. Ich habe deshalb in diese Sammlung in beschränktem Maße „Gebete" aufgenommen, die nicht die Form einer ausdrücklichen Anrufung eines persönlich vorgestellten absoluten Wesens aufweisen, sondern die sich meditativ bzw. reflektierend auf einen wie immer verstandenen Urgrund allen Seins einlassen und die – etwa wie das Lotos-Sutra – meditierend rezitiert werden. Wie könnte ich mir anmaßen, gerade diese tiefen Texte nicht als Gebet gelten zu lassen?

Für unsere okzidentale Tradition, namentlich für die drei großen „Offenbarungsreligionen" Judentum, Christentum und Islam, gilt freilich, dass hier – bei aller aufgeklärten Zurückweisung anthropomorpher Gottesbilder – das Absolute die Stufe des Personseins (in Analogie zum menschlichen Personsein gedacht) zumindest nicht unterschreiten darf, sofern es tatsächlich als der alles umgreifende Seinsgrund verstanden werden soll. Mehr noch: In der Auffassung dieser monotheistischen Religionen ist das menschliche Personsein gerade durch den Dialog mit dem absoluten göttlichen Du allererst konstituiert! Diesen Zusammenhang hat wohl der jüdische Religionsphilosoph Martin Buber mit seiner Philosophie des Dialogs am ausdrücklichsten herausgearbeitet. C.H. Ratschow wendet diesen Gedanken gar auf das Gebet in der Religionsgeschichte insgesamt an und unterstellt auch nicht ausdrücklich monotheistischen Religionen zumindest im Vollzug des Gebetes eine monotheistische Tendenz: „Hat man die ständige Fülle der Gebete in den Religionen bemerkt und sich angesehen, dann kann man ... wohl zustimmen, dass Religion und Gebet aufs Engste zusammengehören, und man wird wohl auch sagen, dass der Mensch so viel Personalität zeigt und hat, wie er in diesem dialogischen Offensein vor Gott da ist. Man wird auch weiterschließen können ..., dass da, wo das Gebet abstirbt, nicht nur Religion ihr Ende hat, sondern auch die Personalität des Menschen." (Ratschow 1983, 34)

Hans Schaller definiert das Gebet als „die artikulierte Bejahung der Möglichkeit, in jeder Situation, in allen Dimensionen des Menschseins, vor Gott stehen zu dürfen" (Schaller 1984, 26). Das Gebet gehört als der religiöse Versuch der Kontingenzbewältigung zur *Conditio humana*, zur menschlichen Existenz in ihrer konkreten Verfasstheit. Den „Dimensionen des Menschseins" entsprechen deshalb auch die unterschiedlichen Dimensionen des Gebets, die in dieser Anthologie möglichst umfassend zur Darstellung kommen sollten. Es fällt dabei auf, dass dem Bittgebet ein besonderer Stellenwert zukommt. Es ist keineswegs als zu überwindendes infantiles Bewusstseinsstadium des Menschen, sondern durchaus als der „Testfall des Glaubens" (G. Greshake/G. Lohfink 1978) zu betrachten. Selbstverständlich gehen aufgeklärte Gläubige heute nicht mehr von einem mirakulösen „Eingreifen" Gottes in die Welt im Sinne einer Durchbrechung von Naturgesetzen aus. Spätestens seit Thomas von Aquin und dessen Unterscheidung von Ersturbache und Zweitursachen ist der christlichen Tradition bewusst, dass Gott *die Welt* wirkt und nicht in der Weise innerweltlicher Ursachen *in der Welt*. Aber gerade die modernen Naturwissenschaften, die den Newton'schen Determinismus längst hinter sich gelassen haben, erlauben uns Denkmodelle einer solchen dynamischen Wirkweise *der Welt*, die aus der Freiheit Gottes so hervorgeht, dass sie menschliche Freiheit, und damit auch das freie Hintreten vor Gott im Bittgebet, allererst ermöglicht.[2] Letztlich aber geht es im Bittgebet nicht um die Abhilfe irgendeines Mangels, sondern – wie uns zuletzt Johann Baptist Metz eingeschärft hat – darum, Gott um nichts Geringeres als um Gott selbst zu bitten! (Vgl. Metz 2006, 96) Es ist die mystische Tradition aller Religionen – in diesem Buch besonders am Beispiel der islamischen Mystik, des Sufismus, verdeutlicht –, die dieses „Gott um Gott selbst bitten", frei von jedem kleinlichen Eigeninteresse, besonders eindrucksvoll bezeugt.

Auf die vielen Facetten des Gebetes, die den Facetten des Menschseins entsprechen (Klage, Dank, Lobgesang, Anklage, verzweifeltes Ringen, staunende Anbetung etc.), kann hier nicht im Detail eingegangen werden. Lediglich ein Gesichtspunkt soll hier noch hervorgehoben werden: Es gilt wohl für die Religionen insgesamt, dass Gebet sich niemals unabhängig von der Solidarität mit anderen, ja letztlich auch mit den Toten, vollziehen kann. Es ist daher von sich aus auf veränderndes Handeln hin orientiert, kann ohne dieses gar nicht adäquat erfasst werden. Wer betend vor den Urgrund allen Seins tritt, wird in Anspruch genommen und vom „ganz Anderen" an den nächsten anderen, ja letztlich an die Schicksalsgemeinschaft der Schöpfung insgesamt, verwiesen. Das eindrucksvollste literarische Zeugnis für diesen Sachverhalt ist im deutschen Sprachraum wohl in Bert Brechts Drama *Mutter Courage* zu finden: Bauersleute, unter ihnen „Mutter Cou-

---

[2] Erinnert sei hier etwa an das Verständnis Arthur Peacockes, der Gottes Handeln in der Welt in Analogie zum Verhältnis von Geist und Gehirn begreift, als ein „Top-down-Verhältnis" im Gegensatz zu einem „Bottom-up-Verhältnis", welches Ursache und Wirkung im schlichten Sinne des Anstoßens einer Billardkugel versteht. Ein solches Ursache-Wirkungs-Modell ist spätestens mit der Quantenphysik überholt. Vgl. Peacocke 1998.

rage" und ihre Tochter Kathrin, sehen, wie (im Dreißigjährigen Krieg) kaiserliche Truppen an die Stadt Halle heranrücken und die nichtsahnenden Bewohner bedrohen. Sie beginnen verzweifelt zu beten: „Vaterunser, der du bist im Himmel, hör unser Gebet, lass die Stadt nicht umkommen mit alle, wo drinnen sind und schlummern und ahnen nix ..." Nur die stumme Kathrin fasst sich ein Herz, klettert auf das Dach und beginnt wie wild eine Trommel zu schlagen, um die Bewohner der Stadt zu warnen. Sie setzt dabei ihr Leben und das der anderen aufs Spiel und wird schließlich erschossen. Ihr Einsatz für die Stadt war die logische Konsequenz aus dem ernst gemeinten Gebet für diese. (vgl. Brecht 1990, 1431–1436)

Dieser Sammlung ist es wahrscheinlich nicht völlig gelungen, die vielen unterschiedlichen Formen des Gebets vollständig abzubilden: vom spontanen, affektiven Gebet über formelhafte Gebete, rituelle Gebetsweisen, Hymnen, meditative Gebete, bis hin zu Zeugnissen mystischer Versenkung und Gebeten religiös besonders begabter Persönlichkeiten. Die hier wiedergegebenen Gebete haben in den meisten Fällen einen herausragenden Stellenwert, eine besondere Wirkungsgeschichte, sind Höhepunkte und besonders geglückte Artikulationen eines religiösen Vollzugs.[3] Wir sollten dabei nicht aus den Augen verlieren, dass sie auf jenem Nährboden gedeihen, der von den unzähligen anonymen, weniger formvollendeten und „gelungenen" Gebeten gebildet wird. Sie werden uns

---

[3] In dieser Sammlung sind ausschließlich Gebete berücksichtigt, die heute noch zum lebendigen Panorama der Religionen gehören. Sie will also kein historisch orientiertes Buch sein. Nicht mehr gelebte Religionen, etwa der europäischen Antike, fanden deshalb keine Berücksichtigung. Allerdings nährt sich auch heutige lebendige Religiosität aus einem alten Erbe. So wurden etwa Gebete aus dem vorkolonialen Afrika nicht zuletzt deshalb aufgenommen, weil sie in Kult, Liturgie und Gebet der afroamerikanischen Religionen eingegangen sind.

in der Regel nicht (schriftlich) überliefert, machen keine besondere Karriere und stoßen auf kein besonderes religionswissenschaftliches oder literarisches Interesse. Ihren „religiösen" Wert mindert das keineswegs. Der österreichische Dogmatiker Gottfried Bachl hat diese vielen namenlosen, oft unbeholfenen Gebete so gewürdigt, wie sie es verdienen:

„Dürfen wir
dir nur ausgesuchte Worte sagen,
nur teure Sätze
von Dichtern erfunden,
nur polierte Ausdrücke,
oder können wir dir auch kommen
mit den ranzigen Formeln,
aus denen
unsere Sprache meistens besteht?"

(Bachl 1998, 36)

Wer sich selbst – wie ich – als religiös versteht, der darf auch angesichts all dieser namenlosen Gebete mit Leonardo Boff darauf vertrauen: „Und der, der den Staub kennt, aus dem wir gemacht sind, spürt liebevoll den Geheimnissen unseres Herzens nach." (Boff 2011, 11)

Bruno Kern

I. DIE JÜDISCH-CHRISTLICHE TRADITION

„Ich habe das Elend meines Volkes in Ägypten gesehen und ihre laute Klage über ihre Antreiber habe ich gehört!" (Ex 3,7) – Die Religion Israels, aus der später Judentum und Christentum hervorgehen sollten, beginnt also mit einer Gebetserhörung. Die Erinnerung an den Exodus, an den Auszug einer Gruppe von Fronarbeitern aus Ägypten, ist das konstitutive Grunddatum des israelitischen Jahweglaubens. Das Exodusereignis wird geradezu zur Definition Gottes! „Ich bin Jahwe, dein Gott, der dich aus dem Sklavenhaus Ägypten herausgeführt hat" (Ex 20,2), lautet denn auch die Einleitung zum Dekalog, den „Zehn Geboten".

Um die Entstehung dieser israelitischen Religion zu rekonstruieren, stehen uns neben den Texten der hebräischen Bibel, insbesondere des Pentateuch, außerbiblische schriftliche Zeugnisse (Stelen, Briefliteratur ...) und gute archäologische Befunde zur Verfügung. Sozialgeschichtlich scheint Israel aus Umbruchs- und Wanderbewegungen in Palästina um das Jahr 1200 v. Chr. hervorgegangen zu sein: Die miteinander rivalisierenden kanaanäischen zentralistisch-monarchischen Stadtstaaten standen unter dem hegemonialen Einfluss Ägyptens. Von diesen Stadtstaaten abhängige Bauernfamilien flohen vor Konflikten und Ausbeutung ins Bergland. Materielle Voraussetzung dafür war die Einführung von Eisenwerkzeugen, die auch das weniger fruchtbare Bergland bebaubar machte. Zu diesen Bauernfamilien stieß bald eine aus Ägypten kommende Gruppe von „Hapiru" (Hebräern). Diese stellten kein „Volk" im Sinne einer ethnischen Größe dar: Es handelte sich um eine Gruppe von „Wirtschaftsmigranten", Söldnern etc., die ein aufrührerisches Moment im gesellschaftlichen Gefüge bildeten. Eine solche Gruppe

I. Die jüdisch-christliche Tradition

von Hapiru scheint unter Pharao Ramses II. Fronarbeit geleistet zu haben, aus der sie entkam. Diese Befreiung aus der Sklaverei verband sie mit dem geschichtsmächtigen Handeln ihres Gottes mit dem Eigennamen Jahwe (s. dazu weiter unten S. 26). Das politische und soziale Bewusstsein in Verbindung mit dem Bekenntnis zum Jahwe-Gott geht wohl auf diese aus Ägypten kommende Gruppe zurück. Dieser Jahwe-Gott ist also wesentlich ein Gott, der sich als parteiisch für die Unterdrückten erweist. Diese Parteinahme für die Armen wird denn auch zum unverrückbaren Maßstab innerhalb der Geschichte Israels und zu einem deutlich erkennbaren Schwerpunkt der hebräischen Bibel. Das spätere Königtum kann sich nur legitimieren, indem es sich als besonderen Schutz für die Armen darstellt. Die prophetische Tradition klagt die Erfüllung von „Recht und Gerechtigkeit" und die Verwirklichung von Solidarität als die eigentliche Jahwe-Verehrung ein. Die späteren messianischen Vorstellungen und die apokalyptische Literatur behaupten Gott als den eigentlichen Herrn der Geschichte angesichts von Unterdrückung und Gewalt ...

Nach dem babylonischen Exil bilden sich bald die ersten Diaspora-Gemeinden (neben dem Zweistromland vor allem in Alexandrien), und nach der endgültigen Zerstörung des Tempels im Jahr 70 n. Chr. konstituiert sich jüdischer Glaube außerhalb Israels und ohne eine zentrale Kultstätte. Die Tora, die hebräische Bibel insgesamt, die Beschneidung, der Talmud, die Einhaltung des Sabbats, die jüdischen Feiertage, allen voran die Feier des Pesachfestes im Gedenken an den Auszug aus Ägypten, sind die prägenden Elemente des sich nun weltweit ausbreitenden Judentums. Zentral bleibt das Bekenntnis zu dem *einen* Gott (s. unten S. 25).

Die ersten Christen verstehen sich – wie Jesus selbst – völlig als Juden, aber bereits im Lauf des ersten Jahrhunderts kommt es zum endgültigen Bruch mit der „Synagoge". Seit der Antike ist die Christentumsgeschichte gleichzeitig eine beschämende Geschichte des Judenhasses und der Verfolgung. Die Rückbesinnung auf den gemeinsamen Ursprung ist erschwert und gebrochen durch diese Schuldgeschichte des Christentums. Dennoch gilt nach wie vor das Wort des Paulus: „Nicht du trägst die Wurzel, sondern die Wurzel trägt dich." (Röm 11,18) Judentum und Christentum können keineswegs als zwei verschiedene „Religionen" betrachtet werden, vielmehr können sich Christen als eine Spielart des messianischen Judentums begreifen. Gerade wegen dieses besonderen „Ursprungsverhältnisses" geht die Schuldgeschichte des Christentums bis an die Wurzeln der theologischen Identität. Das Bekenntnis zu dem einen Gott, der sich als geschichtsmächtig Handelnder für die Unterdrückten und Opfer erweist und dessen Treue und Gerechtigkeit auch noch die Toten mit einbezieht, ist der gemeinsame Grund, auf dem Juden wie Christen gleichermaßen stehen.

Höre Israel!

Mindestens zweimal am Tag, abends und morgens, sprechen fromme Juden das „Schema Israel" auf Hebräisch. Es ist das Grundbekenntnis zum einen und einzigen Gott! Religionsgeschichtlich ist diese „Monolatrie" (nur ein einziger Gott wird verehrt), die dann mit der prophetischen Tradition zum reflektierten Monotheismus im strengen Sinne wird, bemerkenswert. Israel hebt sich damit deutlich von der altorientalischen Umwelt ab. In der Antike waren nicht nur unterschiedliche Götter für jeweils andere Wechselfälle des Lebens zuständig, sondern eine Gottheit (etwa der kanaanäische Baal) konnte je nach Anliegen und Bedürfnis unter verschiedenem Namen angerufen werden. Diesen Gottheiten als Spiegelungen der jeweiligen privaten Sehnsüchte und Bedürfnisse setzt Israel den einzigen Namen Gottes entgegen. Der Herr teilt sich nicht in

I. Die jüdisch-christliche Tradition

viele lokale oder private Götter, er ist einer und wendet sich als solcher *ganz und ungeteilt* an sein Volk. Die adäquate Antwort darauf ist die ebenfalls *ungeteilte Gottesliebe* „mit ganzem Herzen, mit ganzer Seele, mit ganzer Kraft". Auch im Zweiten Testament wird dieses „wichtigste Gebot" als die Grundessenz der ganzen Schrift bestätigt (Mk 12,28–34). Der Name Gottes – geschrieben als „Tetragramm" mit den vier hebräischen Buchstaben JHWH – wird nicht ausgesprochen, sondern mit „Adonai" („Herr"), oder wie im folgenden Gebetstext, mit „der Ewige" wiedergegeben. Über Gott kann man nicht „verfügen" (was mit der Anrufung und Beschwörung seines Namens intendiert sein könnte), er ist es vielmehr, der sich selbst souverän und frei offenbart. Die Selbstoffenbarung des Namens Gottes entstammt der Exodus-Sinai-Tradition (vgl. Ex 3,14): „Ich bin der, der ich für euch da sein werde" ist wohl die adäquate Übersetzung des Eigennamens Jahwe. Darin kommt das Gottesverständnis Israels in seinem unverwechselbaren Kern zum Ausdruck: Wenn Israel von Gott spricht, dann verweist es auf ein konkretes geschichtliches Ereignis, mit dem es Gottes geschichtsmächtiges Handeln identifiziert: auf die Befreiung aus der ägyptischen Sklaverei. Israels Gott ist der Befreiende, in der Geschichte Handelnde, ein durchaus parteiischer Gott auf der Seite der Unterdrückten. Die Erinnerung an diesen Befreiergott aus der Sklaverei konstituiert sein Volk gleichzeitig als die „Kontrastgesellschaft", deren prägendes Kennzeichen die Verwirklichung von Solidarität, Recht und Gerechtigkeit ist. Dies ist mit der Rede vom „auserwählten" Volk eigentlich gemeint.

Gerade in unserer postmodernen, mythenfreundlichen Welt, die Religiosität gern der Beliebigkeit des Einzelnen anheimstellt, ist dieser Gott des Judentums und Christentums eine heilsame Provokation. Er passt nicht umstandslos zu unseren Bedürfnissen (was ja den Projektionsverdacht der Religionskritik heraufbeschwören muss), sondern er fordert die unbedingte

Anerkennung des Leids der anderen ein. Der biblische Monotheismus mit seinem universalen Anspruch – Gott ist entweder ein Menschheitsthema oder gar kein Thema! – setzte sich dem Verdacht aus, eine totalitäre (patriarchalische) Herrschaftsideologie zu stützen und tendenziell gewalttätig zu sein. Im Sinne der biblischen Tradition bedeutet jedoch die öffentliche Proklamation dieses Gottes nichts anderes, als die Autorität der Leidenden als den gemeinsamen Maßstab und das Fundament unserer Humanität zu etablieren.

Den Hauptbestandteil des „Schema Israel" bilden – neben Lobsprüchen aus der Mischna und einem Abschnitt aus dem Buch Numeri – Verse aus dem 5. Buch Mose, dem Deuteronomium (wörtlich: „zweites Gesetz"). Die ursprüngliche Fassung dieses Buches der hebräischen Bibel wurde vermutlich unter der Herrschaft des Königs Josija (7. Jh. v. Chr.) verfasst (in der Bibel selbst wird von der „Auffindung" der Schriftrolle im Tempel erzählt; vgl. 2 Kön 22,3–20) und diente als „Programmschrift" für seine Reformen, vor allem für die Zentralisierung des Kultes. Eine redaktionelle Überarbeitung erhielt die Schrift wohl in der Zeit des babylonischen Exils durch „deuteronomistische" Kreise, welche die Geschichte des Gottesvolkes nach dem Schema „Untreue – Bestrafung – Umkehr – Vergebung" interpretierten. Diese Redaktionsgeschichte kommt unter anderem in der wechselnden Anrede („du" bzw. „ihr") zum Ausdruck.

Die wörtliche Umsetzung der Verse Dtn 6,5–9 begründet übrigens das Tragen der Gebetsriemen (Tefillin) mit den Gebetskapseln, die die entsprechenden Tora-Verse enthalten, sowie die sog. Mesusa, die Schriftkapsel auf dem Türstock. Und heute noch ist der beim Gebet getragene Mantel mit den Quasten besetzt, von denen die Verse aus dem Buch Numeri sprechen.

Beim Lesen des „Schema Israel" sollten wir daran denken, dass es wahrscheinlich genau dieses Bekenntnis zu Israels Befreiergott war, das viele fromme Juden

I. Die jüdisch-christliche Tradition

auf den Lippen hatten, als man sie in die Gaskammern schickte.

Höre, Israel! Der Herr ist unser Gott, der Herr ist ein Einziger! (Dtn 6,4)

Gepriesen sei Gottes glorreiche Herrschaft immer und ewig! (mJoma 6,2)

Du sollst darum den Ewigen, deinen Gott, lieben mit deinem ganzen Herzen, mit deiner ganzen Seele und mit deiner ganzen Kraft.
Auf diese Worte verpflichte ich dich heute, und sie sollen auf deinem Herzen geschrieben stehen. Du sollst sie deinen Kindern weitererzählen. Du sollst davon reden, wenn du zu Hause sitzt und wenn du auf der Straße gehst, wenn du schlafen gehst und wenn du aufstehst. Du sollst sie um dein Handgelenk binden als Zeichen. Als Merkzeichen seien sie auf deiner Stirn. Auf die Türpfosten deines Hauses und in deine Tore sollst du sie schreiben. (Dtn 6,5–9)

[In Stille wiederholt:]

Und wenn ihr auf meine Gebote hört, die ich euch heute als Verpflichtung auferlege, wenn ihr den Ewigen, euren Gott, liebt und ihm dient mit ganzem Herzen und mit ganzer Seele, dann gebe ich eurem Land den Regen zur rechten Zeit, den Frühregen im Herbst und den Spätregen im Frühjahr, sodass du Korn, Most und Öl ernten kannst; dann gebe ich deinem Vieh sein Gras auf dem Feld, sodass du essen kannst und satt wirst. Aber nehmt euch in Acht! Lasst nicht zu, dass euer Herz verführt werde, weicht nicht ab vom Weg, dient keinen anderen Göttern und werft euch nicht vor ihnen in den Staub! Sonst wird der Zorn des Ewigen gegen euch erregt; er wird den Himmel verschließen, es wird kein Regen fallen, der Acker wird keine Ernte bringen und ihr werdet sofort aus dem prächtigen Land getilgt sein, das der Ewige euch geben will. Diese meine Worte sollt ihr in euer Herz und in eure Seele schreiben. Ihr sollt sie euch als Zeichen um das Handgelenk binden. Sie sollen ein Schmuck auf eurer Stirn sein. Ihr sollt sie euren Kindern beibringen und ihnen davon erzählen, wenn du zu Hause sitzt und wenn du auf der Straße gehst, wenn du dich schlafen legst und wenn du aufstehst. Du sollst sie auf die Türpfosten deines Hauses und an deine Tore schreiben. Damit ihr und eure Kinder lange in dem Land lebt, das der Ewige euren Vätern verheißen hat; so zahlreich sollen eure Tage dort sein wie die Tage, die sich der Himmel über der Erde wölbt. (Dtn 11,13–21)

Der Ewige sprach zu Mose: Sprich zu den Kindern Israels und sage ihnen, sie sollen Quasten an den Enden ihrer Gewänder anbringen, von Geschlecht zu Geschlecht. An den Quasten sollen sie einen blauen Faden befestigen. Das sollen Merkquasten für euch sein: Wenn ihr sie seht, dann sollt ihr euch an alle Gebote des Ewigen erinnern und sie erfüllen. Ihr sollt eurem Herzen und euren Augen nicht nachgeben, wenn sie euch zur Untreue verleiten wollen. Durch diese Merkquasten werdet ihr an alle meine Gebote erinnert, und ihr werdet sie befolgen und so eurem Gott heilig sein. Ich bin der Ewige, euer Gott; ich habe euch aus Ägypten herausgeführt, um für euch Gott zu sein; Ich, der Ewige, bin euer Gott. (Num 15,37–41)

Das Gebetbuch der Bibel: Der Psalter

„Der Psalm ist ein vom Volk Gottes angestimmter Lobeshymnus, er ist Verherrlichung des Herrn, Preislied, das die Gemeinde singt, Ausruf der ganzen Menschheit, Zuruf des Universums, Stimme der Kirche, Bekenntnis des Glaubens in Harmonie, völlige Hingabe an die Macht Gottes, glückliche Freiheit, Ausruf des

I. Die jüdisch-christliche Tradition

Glücks, Echo der Freude. Der Psalm lindert den Zorn, lässt die Traurigkeit verschwinden und verschafft der Bitterkeit Abhilfe. Er ist eine Waffe während der Nacht und Unterweisung am Tag. Schutzschild inmitten der Angst, festliche Feier in einer Atmosphäre der Heiligkeit. Getreues Bild der inneren Sammlung, Unterpfand des Friedens und der Harmonie. Bei Tagesanbruch vernimmt man das Psalmlied, und am Ende des Tages hört man es von Neuem." (Ambrosius, Explanatio Psalmi I, CSEL 64,7)

Diese überschwänglichen Worte des Bischofs Ambrosius von Mailand bezeugen, dass der Psalter von Anfang an fester Bestandteil des Gebetsschatzes des Christentums war. Das „Stundengebet", das offizielle Gebet der katholischen Kirche bis heute, strukturiert sich um die 150 poetischen Liedtexte des Buches der Psalmen. Bereits im Zweiten („Neuen") Testament finden sich zahlreiche Zitate und Anspielungen auf dieses Buch der hebräischen Bibel. So etwa lassen die Passionserzählungen der Evangelien Jesus am Kreuz den Psalm 22 beten. „Psalmen" und „Psalter" sind die späteren griechischen Bezeichnungen der Christen für diese Texte der hebräischen Bibel. Gemeint sind damit Lieder, die in Begleitung eines Saiteninstruments gespielt werden. Psalm ist die Übersetzung des hebräischen *mizmór*. In der hebräischen Bibel wird die Sammlung dieser Lieder *sefer tehillim* genannt, „Buch der Lobgesänge". Die Bezeichnung ist auf den ersten Blick überraschend, enthält doch dieses Buch zu einem großen Teil Klagen, Bittgebete, ja sogar Fluchpsalmen. Dahinter könnte sich das Verständnis verbergen, dass selbst die Klage in der Gegenwart Gottes vom – unausgesprochen vorausgesetzten – Lobpreis seiner rettenden Macht getragen ist. In der Gestalt, wie es uns heute vorliegt, wurde das Buch der Psalmen im 3. oder sogar erst im 2. Jahrhundert v. Chr. zusammengestellt. Die einzelnen Psalmen sind durchaus als eigenständige Texte zu betrachten, wiewohl die Anordnung (traditionell ist die Aufteilung in fünf zusammenhängende Textgruppen) Bezüge untereinander herstellt. Die Datierung der einzelnen Texte ist nicht immer einfach: Einige lassen sich thematisch leicht einer bestimmten Zeit zuordnen (etwa wenn sie die Exilsituation beschreiben, oder die Königspsalmen, die natürlich aus der Zeit vor dem Exil stammen müssen). Als „Sitz im Leben", also als ursprünglicher historischer Kontext der Psalmen, wird fast ausnahmslos eine kultische Feier vorausgesetzt. Manche Bibelwissenschaftler postulieren bestimmte Feste, wie etwa ein Thronbesteigungsfest Jahwes oder ein Bundesfest, für eine Reihe dieser Lieder. Das poetische Stilmittel schlechthin ist in der hebräischen Dichtkunst der sogenannte *Parallelismus membrorum*. Das heißt, zwei Phrasen ergänzen einander auf die Weise, dass die zweite den Gedanken der ersten mit variierenden Ausdrücken aufgreift oder eine Antithese dazu bildet. Mehr als in anderen Textgattungen der Bibel kommt wohl in diesen Liedern der gesamte Reichtum der Beziehung des Volkes Israel und der einzelnen Frommen zu Gott zum Ausdruck. Von überschwänglicher Freude bis hin zu Verzweiflung und Todesangst, von Geborgenheit bis zu äußerster Verlassenheit – alle Situationen des menschlichen Lebens finden ihre authentische Artikulation in Gottes Gegenwart.

Aus dem schier unerschöpflichen Reichtum dieser Liedsammlung seien hier exemplarisch nur zwei Texte vorgestellt: Psalm 139 beschreibt in bewegender Weise, wie der Mensch von Gottes Gegenwart umfangen ist, ja wie diese Gegenwart, die Raum und Zeit durchmisst, ihn allererst als Person begründet. Der Psalm kann als Grundtext jener mystischen Tradition der Erfahrung von Gottes Gegenwart gelesen werden, die etwas später in der Apostelgeschichte („In ihm leben wir, bewegen wir uns und sind wir"; Apg 17,28) oder bei Augustinus ihren Ausdruck findet, der in seinen *Confessiones* bekennt, dass Gott ihm innerlicher sei als er sich selbst (s. S. 49). Der Psalm 23, kunstvoll komponiert um die beiden Metaphern vom Hirten und vom Gastgeber, sei hier wegen seiner außerordentlichen Wirkungsgeschichte zitiert. Aufgrund des Verses „Muss ich auch durch das Tal des Todesschattens ..." fand der Psalm seinen festen Platz in der Totenliturgie, und bis heute liest man Sterbenden diesen Psalm als Trosttext vor. Die weit verbreitete Beliebtheit dieses Psalms findet ihr Echo auch in der Literaturgeschichte. Bekannt ist die Passage in Cornelius Ryans Buch *Der längste Tag* über die Invasion der alliierten Truppen in der Normandie, in dem er einen kanadischen Soldaten im Geschützdonner laut den Psalm 23 rezitieren lässt. Julien Green, der französisch-amerikanische Schriftsteller, sagt über diesen Psalm: „Diese so schlichten Sätze haben sich ohne Weiteres in mein Gedächtnis eingeprägt. Ich sah den Hirten, ich sah das finstere Tal, ich sah den gedeckten Tisch. Wie oft habe ich in Stunden der Angst an den tröstenden Stab gedacht, der vor der Gefahr bewahrt. Jeden Tag sprach ich dieses kleine prophetische Gedicht, dessen Reichtum niemals ausgeschöpft ist." (zit. nach: Boff 2005, 25) Ja selbst ein Philosoph, den man sicher nicht für den christlichen Glauben vereinnahmen kann, Henri Bergson, bezeugt überraschend: „Von den Hunderten von Büchern, die ich gelesen habe, hat mir keines so viel Licht und Trost gespendet wie diese wenigen Verse des Psalms 23: ‚Der Herr ist mein Hirte ...'" (zit. nach: Boff 2005, 24 f)

Psalm 23

Der Herr ist mein Hirte, nichts fehlt mir.
Auf grünen Weiden lässt er mich ausruhen.
Er führt mich zu ruhigen Wassern
und lässt mich wieder zu Kräften kommen.

Er leitet mich auf sicheren Wegen,
wie es seinem Amt entspricht.

*Muss ich auch durch das Tal des Todesschattens,
so fürchte ich nichts Böses: Du bist bei mir!
Dein Stock und dein Stab geben mir Sicherheit.*

*Vor mir deckst du den Tisch,
vor den Augen meiner Feinde.
Du salbst mein Haupt mit duftendem Öl
und mein Becher fließt über.
Güte und Treue begleiten mich alle Tage meines Lebens,
und im Haus des Herrn werde ich wohnen,
solange ich lebe.*

Psalm 139

*Herr, du hast mich ergründet und du kennst mich. / Ob
  ich sitze oder stehe, du weißt um mich.
Ob ich gehe oder ausruhe, du weißt darum; / all meine
  Wege sind dir wohlvertraut.
Das Wort liegt mir noch nicht auf der Zunge – / du, Herr
  kennst es schon.
Du umfängst mich von allen Seiten / und legst deine
  Hand auf mich.
Allzu wunderbar ist es, darum zu wissen, / zu hoch ist
  mir das und unbegreiflich.
Wohin könnte ich mich flüchten vor deinem Geist, / wohin könnte ich fliehen vor deinem Angesicht?
Wenn ich zum Himmel emporsteige, bist du dort; / lege
  ich mich in der Unterwelt zur Ruhe, bist du gegenwärtig.
Wenn ich die Flügel des Morgenrots zu Hilfe nehme / und
  mich niederlasse am äußersten Meer,
dann wird auch dort deine Hand mich ergreifen / und
  deine Rechte mich festhalten.
Sagte ich: Mich soll Finsternis zudecken, / statt Licht soll
  die Nacht mich einhüllen,
selbst die Finsternis wäre nicht finster für dich.*

I. DIE JÜDISCH-CHRISTLICHE TRADITION

Die Nacht würde hell strahlen wie der Tag, / die Finsternis wäre wie das Licht.
Denn du hast mein Inneres geformt, / du hast mich im Schoß meiner Mutter gewoben.
Ich danke dir, dass du mich so wunderbar gebildet hast. / Ich weiß: Nur staunen kann man über deine Werke.
Als ich im Dunkeln gestaltet wurde, / als ich kunstvoll geformt wurde in den Tiefen der Erde, / da waren meine Glieder dir nicht unbekannt.
Mit deinen Augen hast du gesehen, wie ich entstanden bin, / alles war schon festgehalten in deinem Buch;
meine Tage waren bereits gestaltet, / bevor noch einer von ihnen war.
Wie schwer zu begreifen sind deine Gedanken für mich, o Gott, / wie gewaltig sind sie an Zahl!
Wenn ich sie zählen wollte: Sie wären mehr als die Sandkörner. / Und würde ich damit fertig, dann wäre ich immer noch bei dir.[...]
Ergründe mich, Gott, erforsche mein Herz, / prüfe mich und durchdringe mein Denken.
Sieh doch, ob ich auf dem Weg bin, der dir Kummer bereitet, / und gib mir dein Geleit auf dem Weg, der sich bewährt hat.

„Herr, lehre uns beten!" – Das Vaterunser

Das Vaterunser oder „Herrengebet" ist das Gebet der Christenheit schlechthin, wahrscheinlich sogar das am meisten gesprochene Gebet der Menschheitsgeschichte. Von den Anfängen bis heute hat es seinen festen Platz in der Liturgie, vor allem in der Abendmahls- bzw. Eucharistiefeier. Schriftliche Quellen der frühchristlichen Geschichte bezeugen, dass das Vaterunser noch nicht von den Taufbewerbern, den Katechumenen, sondern nur von den bereits Getauften bei der Eucharistiefeier gesprochen werden durfte. Es gehörte sozusagen zur Arkandisziplin. Das Gebet, das nach neutestamentlicher Überlieferung Jesus selbst gesprochen hat, wurde wie ein besonders wertvoller Schatz gehütet.

Der Text des Vaterunsers ist uns im Zweiten Testament in zwei Versionen im Matthäus- bzw. im Lukasevangelium[4] überliefert, die geringfügige Unterschiede aufweisen. Legt man die Kriterien der Textkritik zugrunde, dann muss man von der kürzeren Version bei Lukas als der ursprünglicheren ausgehen. Man nimmt nämlich allgemein an, dass man an einem als sakrosankt geltenden Text keine Kürzungen vorgenommen, sondern eher erläuternde Zusätze angefügt hat. In den fünf (bzw. sieben) knappen Bitten des Vaterunsers steckt die gesamte Originalität der Botschaft Jesu! Die Quintessenz seiner Verkündigung liegt uns hier also in Gebetsform vor. Das beginnt bereits mit der Anrede: Die im griechischen Text mit „Vater" wiedergegebene Gottesanrede lautete ursprünglich höchstwahrscheinlich *Abba* – jenes Wort aus der Plappersprache der Kinder, das Jesus benutzte und das man mit „Papi" wiedergeben könnte. Es war so typisch für Jesus, dass es im Zweiten Testament etliche Male in der aramäischen Muttersprache Jesu genannt wird. (Mk 14,36; Röm 8,15; Gal 4,6) Darin drückt sich durchaus ein revolutionäres und einzigartiges Gottverhältnis Jesu aus: Der Heilige, dessen Eigenname von keinem frommen Juden genannt wurde, wird hier mit einem intimen und zärtlichen Kosewort angesprochen!

---

[4] Der ursprüngliche Text des Vaterunsers wird zum Bestand der sogenannten „Logienquelle Q" gerechnet. Nach der immer noch allgemein angenommenen Zwei-Quellen-Theorie lagen dem Matthäus- und dem Lukasevangelium das ältere Markusevangelium und eine Spruchsammlung als Quellen zugrunde, die man einfach mit „Q" bezeichnet. Davon existieren keine Handschriften, sie wird lediglich aufgrund der vorhandenen Evangelientexte rekonstruiert und erschließt uns den Zugang zur ältesten palästinischen Jesusüberlieferung. Träger dieser Spruchüberlieferung waren wahrscheinlich nicht sesshafte Gemeinden, sondern Jesusanhänger, die als Wandercharismatiker lebten. Viele Texte spiegeln deren soziale Situation. Vgl. Hoffmann/Heil (Hg.), 2002.

I. Die jüdisch-christliche Tradition

Gleich die erste Bitte greift das Schlüsselwort der Verkündigung Jesu schlechthin auf: die Bitte um das Kommen der Königsherrschaft Gottes (so die genaue Übersetzung von *basileía tou theou*). Das älteste Evangelium, nämlich das Markusevangelium, stellt dieses Schlüsselwort programmatisch an den Beginn: „Erfüllt ist die Zeit, die Königsherrschaft Gottes ist nahe herbeigekommen. Kehrt um und glaubt an die Frohe Botschaft." (Mk 1,15) In den synoptischen Evangelien (Markus, Matthäus und Lukas) wird diese Königsherrschaft Gottes vor allem mithilfe von Gleichnissen beschrieben. Bereits in der hebräischen Bibel ist das Königtum Gottes (*malkut JHWH*) eine sehr konkret und weltbezogen verstandene Heilshoffnung. Die heftigen Auseinandersetzungen um die Einführung der Monarchie (ganz im Gegensatz zur altorientalischen Umwelt Israels) sind nicht zuletzt darauf zurückzuführen, dass man sie als mit dem Alleinanspruch der Königsherrschaft Gottes für unvereinbar hielt. (vgl. vor allem die königskritischen Texte 1 Sam 8 und die Jotamfabel in Ri 9!) Die Gotteserfahrung der Exodus- und Sinaitradition selbst stand damit in Frage. Innerhalb der Apokalyptik, die sich im 2. und 1. Jahrhundert v. Chr. herausbildete, spitzte sich diese Reich-Gottes-Hoffnung eschatologisch zu. Die Königsherrschaft Gottes, die alle irdischen Reiche ablösen und vernichten wird, wurde für das Ende der Zeit erwartet. Jesus steht grundsätzlich in dieser apokalyptischen Tradition. Sein Selbstverständnis und seine Verkündigung waren von einer sehr realistischen Naherwartung des Reiches Gottes geprägt – was ebenso für die ersten christlichen Gemeinden nach Jesu Tod gilt. Der wesentliche Unterschied zu anderen apokalyptischen Vorstellungen war: Obwohl das endgültige Kommen des Reiches Gottes unmittelbar bevorsteht, so ist es dennoch gleichzeitig bereits angebrochen, und zwar in Jesu eigener Praxis der Dämonenaustreibung, Krankenheilung, der Begründung einer messianischen Bewegung und der Stiftung von Solidarität. (vgl. Lk

4,16–21) Davon geben unter anderem sog. Jesus-Logien Zeugnis, die von den Exegeten allgemein als „ipsissima vox", als ursprüngliche Jesus-Worte, betrachtet werden (vgl. Lk 11,20 par: „Wenn ich mit dem Finger Gottes Dämonen austreibe, dann ist das Reich Gottes schon mitten unter euch."). Das Matthäusevangelium, dessen Adressaten Judenchristen sind, spricht stattdessen vom „Reich der Himmel". Damit ist keineswegs eine völlige Verlagerung der Heilshoffnung ins Jenseits gemeint. Der Evangelist benutzt hier lediglich in guter jüdischer Tradition eine Umschreibung des Namens Gottes. Die jesuanische Reich-Gottes-Botschaft ist ihrer Tendenz nach natürlich herrschaftskritisch, da sie jeden anderen Herrschaftsanspruch in Frage stellt bzw. stark relativiert. Eine glückliche aktualisierende Übersetzung des für unsere Ohren etwas befremdlich klingenden Ausdrucks „Reich Gottes" ist lateinamerikanischen Christen gelungen. Sie übersetzen Gottes Herrschaft mit: „eine Gesellschaft, in der alle Platz haben" und fordern so unser gegenwärtiges Wirtschaftssystem heraus, dessen Kennzeichen gerade der Ausschluss großer Bevölkerungsteile ist.

Die Bitte um das Brot, das wir brauchen, ist kein abrupter Themenwechsel, sondern Konkretisierung der Bitte um das Reich. Der Mensch in seiner konkreten leiblichen Bedürftigkeit ist in Jesu Verkündigung und Praxis das letztgültige Kriterium der Gottesherrschaft! (vgl. etwa Mk 2,23–28; Mk 3,1–6) Wie untrennbar Gottes Reich und die Bitte um das tägliche Brot zusammengehören, hat der brasilianische Bischof, Poet und Mystiker Pedro Casaldáliga unüberbietbar prägnant zum Ausdruck gebracht: „Alles ist relativ, außer Gott – und der Hunger."

Die Bitte um Vergebung der Schuld ist ebenso in einem Grundzug von Jesu Botschaft und seiner Verkündigung der bedingungslosen Liebe Gottes zu den Sündern verankert (vgl. bes. Lk 15). Genau diese bedingungslose Annahme vonseiten Gottes ermöglicht

I. Die jüdisch-christliche Tradition

den Menschen ihrerseits Vergebung und Schuldenerlass untereinander.

Missverständnissen ausgesetzt war besonders die letzte Vaterunser-Bitte: Die hier genannte „Versuchung" ist wohl nicht im moralischen Sinne zu verstehen. Das griechische Wort meint an dieser Stelle wohl eher die endzeitliche Situation der Bedrängnis, die in der Vorstellungswelt der Apokalyptik mit dem endgültigen Kommen von Gottes Reich einhergeht.

Matthäus 6,9–13	Lukas 11,2–4
Unser Vater im Himmel,	*Vater,*
dein Name werde geheiligt,	*dein Name werde geheiligt.*
dein Reich komme,	*Dein Reich komme.*
dein Wille geschehe	
wie im Himmel, so auf der Erde.	
Gib uns heute das Brot, das wir brauchen.	*Gib uns täglich das Brot, das wir brauchen.*
Und erlass uns unsere Schulden,	*Und erlass uns unsere Sünden;*
wie auch wir sie unseren Schuldnern erlassen haben.	*denn auch wir erlassen jedem, was er uns schuldig ist.*
Und führe uns nicht in Versuchung,	*Und führe uns nicht in Versuchung.*
sondern rette uns vor dem Bösen.	

„Die Despoten stürzt er vom Thron" – Der Lobgesang Mariens

Nach den Anfangsworten dieses Liedes in lateinischer Sprache wurde der Lobgesang Mariens als „Magnifikat" bekannt („Magnificat anima mea Dominum ...") und hat zumindest in der katholischen Kirche seinen festen Platz in der Liturgie, vor allem im Abendgebet (Vesper). Das Lied ist in der sog. „Kindheitsgeschichte" des Lukasevangeliums überliefert. Es gilt jedoch als sicher, dass der Evangelist hier bereits aus einer älteren Tradition schöpft. Die ersten beiden Kapitel des Lukasevangeliums sind erzählerisch sehr geschickt mithilfe des Schemas eines „überbietenden Parallelismus" der Erzählstücke über Johannes den Täufer und Jesus strukturiert: Ankündigung der Geburt des Johannes – Ankündigung der Geburt Jesu – Geburt des Johannes – Geburt Jesu. Die Symmetrieachse innerhalb dieses Schemas bildet die Erzählung von der Begegnung zwischen Maria und Elisabet, und eben diese Perikope enthält den Lobgesang Mariens. Seiner Form nach ist dieses Lied ein Psalm und enthält eine Fülle von Motiven aus dem Ersten („Alten") Testament, vor allem Anklänge an Hannas Danklied in 1 Sam 2,1–10. Luise Schottroff und Wolfgang Stegemann (³1990) ordnen diesen Gesang der ältesten Jesustradition zu. Zum Ausdruck kommt darin ein entscheidender Grundzug dieser messianischen Bewegung, nämlich die Verheißung der *endzeitlichen Umkehr des sozialen Geschicks* als wesentlicher Inhalt der Reich-Gottes-Botschaft Jesu. Die ersten Adressaten von Jesu Botschaft waren die im realen, materiellen Sinne Armen, die „Habenichtse", die aus der Gesellschaft Ausgeschlossenen. Damit reiht sich das Magnifikat in eine Gruppe von Evangelientexten ein, die diese Umkehr des sozialen Geschicks als Kern der Frohbotschaft bezeugen und allesamt einen Grundzug der ersten Bewegung von Jesusnachfolgern wiedergeben: die Seligpreisungen, vor allem in ihrer lukanischen Fassung (Lk 6,20 f), der „Kamelspruch" (Mk 10,25), der Spruch von den Ersten und den Letzten (Mk 10,31 u.a.: insgesamt viermal überliefert!) etc. Diese eindeutige „Parteilichkeit" Gottes für die Armen (die eine apodiktische Verurteilung der Reichen zur Entsprechung hat) ist keineswegs ein Widerspruch zur

I. Die jüdisch-christliche Tradition

universalen Heilsverheißung, sondern im Gegenteil, gerade die Voraussetzung dafür: Gerade weil Gott die Fülle des Lebens für alle will, muss sich diese Botschaft zuerst an denen bewähren, die faktisch von diesem Leben ausgeschlossen sind. Dieser „Skandal" eines Gottes, der eindeutig Partei ergreift für die Hungernden und Bettler, wurde innerhalb der theologischen Tradition erst in jüngster Zeit wieder durch die „Theologie der Befreiung" ins Recht gesetzt: Die – inzwischen auch offiziell kirchlich anerkannte – „vorrangige Option für die Armen" wird als die Grundperspektive festgehalten, die allein ein angemessenes Verständnis der sozialen Realität garantiert.

Aus dieser Perspektive erst ist der Text des Magnifikat adäquat zu verstehen, in dem die Hungernden mit Gottes Gaben beschenkt werden, die Reichen hingegen leer ausgehen, die Despoten entthront und die Niedrigen erhöht werden. „Dass ihnen ihre menschliche Würde und ihr Recht zurückgegeben werden soll, ist der Kern des Evangeliums, der guten Botschaft für die Armen ... Die Maria, die das Magnifikat singt, verkündigt die frohe Botschaft, dass der Weg Gottes zu den Menschen und in die Geschichte endlich diejenigen zum Subjekt des Handelns macht, die immer nur die Opfer gewesen sind. Das macht Maria, die Frau aus Nazaret, zur Trägerin der Hoffnung und zur Mitstreiterin für alle, die sich mit der herrschenden Gewalt gegen Frauen und andere Menschen nicht abfinden können." (Wind 1996, 34)

Der brasilianische Bischof Dom Hélder Câmara hat diese subversive Sprengkraft des Magnifikat mit feiner Ironie in einem fiktiven Gebet an Maria deutlich gemacht:

„Vorsicht, liebe Mutter,
mit dem Magnifikat,
deinem unvergleichlichen Hymnus
des Lobes und des Dankes.

*Man wird einzelne Worte daraus
dir zu Last legen und dir nachweisen,
dass du subversiv bist,
eine Aufrührerin,
eine Kommunistin!"*

(nach: Kürzinger/Sill 2003, 764)

*Hoch preist meine Seele den Herrn,
und mein Geist frohlockt über Gott, meinen Retter.
Denn er hat auf seine Magd in ihrer Niedrigkeit geschaut.
Siehe, von jetzt an werden mich alle Generationen selig
preisen.
Denn Großtaten hat der Mächtige an mir vollbracht
und heilig ist sein Name.
Und sein Erbarmen währt von Generation zu Generation
über all jenen, die ihn fürchten.
Er vollbringt machtvolle Werke mit seinem Arm
und zerstreut alle, die in ihrem Herzen voller Hochmut
sind.
Er stürzt Machthaber vom Thron
und hebt Niedrige empor.
Die Hungernden überhäuft er mit guten Gaben
und die Reichen lässt er leer ausgehen.
Er nimmt sich Israels als seines Kindes an,
denkt dabei an sein Erbarmen,
das er unseren Vätern zugesagt hat:
dem Abraham und seinen Nachfahren auf ewige Zeiten.*

(Lk 1,46–55)

Schemone Esre – Das Achtzehngebet

Seit dem ersten Jahrhundert n. Chr. gehört das Achtzehngebet zum festen Bestandteil des jüdischen Gottesdienstes. Schon sehr früh, um die Wende zum 2.

I. Die jüdisch-christliche Tradition

Jahrhundert, wurde eine Bitte gegen die Häretiker (die zwölfte Bitte; sie bezieht sich wahrscheinlich auf die Judenchristen) hinzugefügt, sodass das Gebet nun neunzehn Strophen umfasst. Als Bezeichnung hat sich auch *Amida* eingebürgert, weil es im Stehen gesprochen wird, und es wird oftmals auch einfach *Tefilla*, also schlicht Gebet, genannt, wodurch zum Ausdruck kommt, dass das Achtzehngebet als das Gebet schlechthin gilt. Das Achtzehngebet weist eine dreigliedrige Struktur auf: Der Anfangsteil umfasst die ersten drei *Brachot*, also Segenssprüche, über die Erzväter, die Machterweise Gottes (hier vor allem die Auferweckung der Toten!) und die Heiligung des Namens Gottes. Der mittlere Teil, der die folgenden dreizehn Bitten umfasst, ist variabel, das heißt, an Wochentagen, am Sabbat und am jüdischen Neujahrsfest (Rosh-ha-Shana) wird der Wortlaut dieser Bitten etwas abgewandelt. Das Gebet schließt dann mit dem Segensspruch zum Tempeldienst, mit einem Dank und dem Priestersegen. Inhaltlich macht das Achtzehngebet durchaus deutlich, wie sehr das Judentum die tragende Wurzel des Christentums bildet. Vor allem die beiden Motive der Heiligung des Namens Gottes und der Bitte um das Kommen seines Reiches erinnern an das Vaterunser des Juden Jesus. Auffallend ist auch die Hoffnung auf die Auferweckung der Toten als zentraler Gebetsinhalt. Das Erste Testament kannte lange Zeit keine Hoffnung auf individuelle, leibliche Auferstehung; sie wurde in manchen Texten sogar ausdrücklich zurückgewiesen. Erst mit dem babylonischen Exil wurde sie Bestandteil des Jahwe-Glaubens – als Konsequenz der Treue Jahwes, die auch mit dem leiblichen Tod nicht enden kann. Seine Ausgestaltung erfuhr der Auferstehungsgedanke in der Apokalyptik, vor allem in Verbindung mit der Vorstellung von einem endzeitlichen Gericht. Nicht alle Strömungen des Judentums rezipierten den Auferstehungsgedanken (die Sadduzäer lehnten ihn ab, wie dies auch in den Evangelien in entsprechenden Streitgesprächen Jesu

SCHEMONE ESRE – DAS ACHTZEHNGEBET

dokumentiert wird). Nach der Zerstörung Jerusalems war das pharisäische Judentum prägend, und damit wurde auch die Auferstehungshoffnung zum allgemein geteilten Glaubensinhalt.

1. Gelobt seist du, Ewiger, unser Gott und Gott unserer Väter, Gott Abrahams, Gott Isaaks und Gott Jakobs, großer, starker und furchtbarer Gott, der du beglückende Wohltaten erweisest und Eigner des Alls bist, der du der Frömmigkeit der Väter gedenkst und einen Erlöser bringst ihren Kindeskindern um deines Namens willen in Liebe. König, Helfer, Retter und Schild! Gelobt seist du, Ewiger, Schild Abrahams!

2. Du bist mächtig in Ewigkeit, Herr, belebst die Toten, du bist stark zum Helfen. Du ernährst die Lebenden mit Gnade, belebst die Toten mit großem Erbarmen, stützest die Fallenden, heilst die Kranken, befreist die Gefesselten und hältst die Treue denen, die im Staube schlafen. Wer ist wie du, Herr der Allmacht, und wer gleichet dir, König, der du tötest und belebst und Heil aufsprießen lässt. Und treu bist du, die Toten wieder zu beleben. Gelobt seist du, Ewiger, der du die Toten wieder belebst!

3. Du bist heilig, und dein Name ist heilig, und Heilige preisen dich jeden Tag. Sela! Gelobt seist du, Ewiger, heiliger Gott!

4. Du begnadest den Menschen mit Erkenntnis und lehrst den Menschen Einsicht, begnade uns von dir mit Erkenntnis, Einsicht und Verstand. Gelobt seist du, Ewiger, der du mit Erkenntnis begnadest!

5. Führe uns zurück, unser Vater, zu deiner Lehre, und bringe uns, unser König, deinem Dienst nahe und lass uns in vollkommener Rückkehr zu dir zurückkehren.

I. Die jüdisch-christliche Tradition

Gelobt seist du, Ewiger, der du an der Rückkehr Wohlgefallen hast!

6. Verzeihe uns, unser Vater, denn wir haben gesündigt, vergib uns, unser König, denn wir haben gefrevelt, denn du vergibst und verzeihst. Gelobt seist du, Ewiger, der du gnädig immer wieder verzeihst!

7. Schau auf unser Elend, führe unseren Streit und erlöse uns rasch um deines Namens willen, denn du bist ein starker Erlöser. Gelobt seist du, Ewiger, der du Israel erlösest!

8. Heile uns, Ewiger, dann sind wir geheilt, hilf uns, dann ist uns geholfen, denn du bist unser Ruhm, und bringe vollkommene Heilung allen unseren Wunden, denn Gott, König, ein bewährter und barmherziger Arzt bist du. Gelobt seist du, Ewiger, der du die Kranken deines Volkes Israel heilst!

9. Segne uns, Ewiger, unser Gott, dieses Jahr und alle Arten seines Ertrages zum Guten, gib Segen der Oberfläche der Erde, sättige uns mit deinem Gute und segne unser Jahr wie die guten Jahre. Gelobt seist du, Ewiger, der du die Jahre segnest!

10. Stoße in das große Schofar[5] unserer Befreiung, erhebe das Panier, unsere Verbannten zu sammeln, und sammle uns insgesamt von den vier Enden der Erde. Gelobt seist du, Ewiger, der du die Verstoßenen deines Volkes Israel sammelst!

---

[5] Widderhorn, mit dem z.B. auch alle 50 Jahre das sogenannte Jobeljahr angekündigt werden sollte, das nach Lev 25,8–34 die ursprünglichen Rechts- und Besitzverhältnisse, u.a. durch einen vollkommenen Schuldenerlass, wiederherstellen sollte.

Schemone Esre – Das Achtzehngebet

11. Bringe uns unsere Richter wieder wie früher und unsere Ratgeber wie ehedem, entferne uns von Seufzen und Klage, regiere über uns, Ewiger, allein in Gnade und Erbarmen, und rechtfertige uns im Gericht. Gelobt seist du, Ewiger, König, der du Gerechtigkeit und Recht liebst!

12. Den Verleumdern sei keine Hoffnung, und alle Ruchlosen mögen im Augenblick untergehen, alle mögen sie rasch ausgerottet werden, und die Trotzigen schnell entwurzle, zerschmettre, wirf nieder und demütige sie schnell in unseren Tagen. Gelobt seist du, Ewiger, der du die Feinde zerbrichst und die Trotzigen demütigst!

13. Über die Gerechten, über die Frommen, über die Ältesten deines Volkes, des Hauses Israel, über den Überrest ihrer Gelehrten, über die frommen Proselyten und über uns sei dein Erbarmen rege, Ewiger, unser Gott, gib guten Lohn allen, die auf deinen Namen in Wahrheit vertrauen, und gib unseren Anteil mit dem ihrigen zusammen in Ewigkeit, dass wir nicht zuschanden werden, denn auf dich vertrauen wir. Gelobt seist du, Ewiger, Stütze und Zuversicht der Frommen!

14. Nach deiner Stadt Jerusalem kehre in Erbarmen zurück, wohne in ihr, wie du gesprochen, erbaue sie bald in unseren Tagen als ewigen Bau, und Davids Thron gründe schnell in ihr. Gelobt seist du, Ewiger, der du Jerusalem erbaust!

15. Den Sprössling deines Knechtes David lass rasch emporsprießen, sein Horn erhöhe durch deine Hilfe, denn auf deine Hilfe hoffen wir den ganzen Tag. Gelobt seist du, Ewiger, der das Horn der Hilfe emporsprießen lässt!

16. Höre unsere Stimme, Ewiger, unser Gott, schone und erbarme dich über uns, nimm mit Erbarmen und Wohlgefallen unser Gebet an, denn Gott, der du Gebete und Flehen erhörst, bist du, weise uns, unser König, nicht leer

I. Die jüdisch-christliche Tradition

von dir hinweg. Denn du erhörst das Gebet deines Volkes Israel in Erbarmen. Gelobt seist du, Ewiger, der du das Gebet erhörst!

17. Habe Wohlgefallen, Ewiger, unser Gott, an deinem Volke Israel und seinem Gebete, und bringe den Dienst wieder in das Heiligtum deines Hauses, und die Feueropfer Israels und sein Gebet nimm in Liebe auf mit Wohlgefallen, und zum Wohlgefallen sei beständig der Dienst deines Volkes Israel. Und unsere Augen mögen schauen, wenn du nach Zion zurückkehrst in Erbarmen. Gelobt seist du, Ewiger, der seine Majestät nach Zion zurückbringt!

18. Wir danken dir, denn du bist der Ewige, unser Gott und der Gott unserer Väter, immer und ewig, der Fels unseres Lebens, der Schild unseres Heils bist du von Geschlecht zu Geschlecht. Wir wollen dir danken und deinen Ruhm erzählen für unser Leben, das in deine Hand gegeben, und unsere Seelen, die dir anvertraut, und deine Wunder, die uns täglich zuteil werden, und deine Wundertaten und Wohltaten zu jeder Zeit, abends, morgens und mittags. Allgütiger, dein Erbarmen ist nie zu Ende, Allbarmherziger, deine Gnade hört nie auf, von je hoffen wir auf dich. Für alles sei dein Name gepriesen und gerühmt, unser König, beständig und immer und ewig. Alle Lebenden danken dir, Sela, und rühmen deinen Namen in Wahrheit, Gott unserer Hilfe und unseres Beistandes, Sela! Gelobt seist du, Ewiger, Allgütiger ist dein Name, und dir ist schön zu danken!

19. Verleihe Frieden, Glück und Segen, Gunst und Gnade und Erbarmen uns und ganz Israel, deinem Volke, segne uns, unser Vater, uns alle vereint durch das Licht deines Angesichts, denn im Lichte deines Angesichts gabst du uns, Ewiger, unser Gott, die Lehre des Lebens und die Liebe zum Guten, Heil und Segen, Barmherzigkeit, Leben und Frieden, und gut ist es in deinen Augen, dein Volk

Israel zu jeder Zeit und jeder Stunde mit deinem Frieden zu segnen. Gelobt seist du, Ewiger, der du dein Volk Israel mit Frieden segnest!

(nach der Übersetzung von Rabbi Seligmann Bär Bamberger; Quelle: Sider Sefar Emet. Jüdisches Gebetbuch, Basel 1964, 40 ff)

Für die Gemeinschaft des Lebens

Das folgende Gebet ist ein kostbares Fundstück aus dem antiken Christentum. Die Autorschaft ist nicht zweifelsfrei gesichert, das Gebet wird aber allgemein Basilius dem Großen, einem der kappadokischen Kirchenväter aus dem vierten Jahrhundert und Bischof von Caesarea, zugeschrieben. Basilius wird oft als „Vater des Mönchtums der Ostkirche" bezeichnet. Er hat dieses zwar nicht begründet, aber wesentlich reformiert. Basilius erhielt zunächst eine hervorragende Ausbildung als Rhetor. Sein bleibendes theologisches Verdienst ist vor allem die Entwicklung der Lehre über den Heiligen Geist (Pneumatologie). Nach seiner Taufe wählte er das einfache, asketische Leben in der Abgeschiedenheit – nicht jedoch als Eremit, sondern in Gemeinschaft mit Gleichgesinnten! Das Ideal der einfachen Lebensweise in der Nachfolge Jesu wird für ihn wesentlich in Gemeinschaft verwirklicht, weil nur der Gemeinschaft als ganzer der Geist zugesagt ist. Die *koinonía*, die Gemeinschaft, erweist sich durchgängig als das entscheidende Stichwort für Basilius. Nicht nur in der Wahl des Zönobitentums, der Verwirklichung des Mönchsideals in Gemeinschaft, kommt dies zum Ausdruck, sondern auch in seiner klaren sozialen Botschaft angesichts von Hungersnöten in seinem Bistum Caesarea. So redet er in einer seiner Homilien den Reichen ins Gewissen: „Was wirst du dem Richter antworten, der du die Wände bekleidest, einen Menschen aber nicht bekleidest, der du die Pferde schmückst, den in

I. Die jüdisch-christliche Tradition

Schande geratenen Bruder aber nicht ansiehst, der du den Weizen verfaulen lässt und die Hungrigen nicht nährst, der du das Gold vergräbst, den Notleidenden verachtest? ... Du aber versagst die Gabe und sagst, es sei dir unmöglich, die Bittenden zufriedenzustellen. Und mit der Zunge schwörst du, von der Hand aber wirst du überführt; denn schweigend verkündet die Hand die Lüge, funkelt doch an ihr der diamantene Fingerring. Wie viel kann dein einer Ring von Schulden befreien? Wie viele zerfallene Häuser kann er aufrichten?" (zit. nach: Pauli 2002, 77 f)

In seinen späten Predigten widmet sich Basilius vor allem dem Schöpfungswerk. Das Staunen über die Vielgestaltigkeit der Schöpfung – bei Basilius angereichert durch das naturwissenschaftliche Wissen seiner Zeit – soll die Gemeinde zum Lobpreis Gottes führen. Im hier wiedergegebenen Gebet wird deutlich, dass Basilius – so das Gebet tatsächlich von ihm stammt – in den Grundgedanken der *koinonía* die außermenschliche Gemeinschaft des Lebens mit einbezieht, den Eigenwert anderer Lebensformen betont, die alle auf ihre Weise Gott als den Ursprung allen Seins widerspiegeln, und einen einseitig als Herrschaft ausgelegten Anthropozentrismus korrigiert. Das Gebet fügt sich in einen Traditionsstrang des Christentums ein, der später in Franz von Assisi seinen besonders deutlichen Ausdruck finden wird und im 20. Jahrhundert in der Ethik Albert Schweitzers, die die Ehrfurcht vor dem Leben zum Ausgangspunkt wählt, zu einem neuen Höhepunkt gelangt. Das christliche Gebot der Nächstenliebe dehnt dieser auf die außermenschliche Kreatur aus: „Du sollst *Leben miterleben* und *Leben erhalten* – das ist das größte Gebot in seiner elementarsten Form." (Schweitzer 1986, 26). Überflüssig zu betonen, wie dringend diese Ethik des Lebens gerade heute anzueignen wäre.

„O Gott, vermehre in uns das Gemeinschaftsgefühl zu allen Lebewesen, unseren jüngeren Geschwistern, denen du die Erde mit uns zur Heimat gegeben hast. Wir müssen uns schämen, wenn wir daran denken, dass wir in der Vergangenheit die uns übertragene hohe Herrschaft mit unbarmherziger Grausamkeit über sie ausgeübt haben, sodass die Stimme der Erde, statt dir ein Lobgesang zu sein, zu einem Stöhnen der Not geworden ist. Mögen wir begreifen, dass sie nicht nur für uns da sind, sondern um ihrer selbst willen und für dich leben, und dass sie die Süße des Lebens ebenso lieben wie wir und auf ihrem Platz dir besser dienen als wir."

(nach: Fitzgerald/Fitzgerald 2005, 76)

„Du bist mir innerlicher als ich mir selbst!" – Augustinus von Hippo

Wohl kaum jemand hat das abendländische Christentum so sehr geprägt wie Augustinus von Hippo (354–430) – leider auch in verhängnisvoller Hinsicht: Seine Erbsündenlehre und die damit verbundene Abwertung der Sexualität sind bis heute eine schwere Hypothek der christlichen Tradition. Der aus Nordafrika stammende Augustinus erhielt eine hervorragende Ausbildung zum Rhetor und war zunächst stark vom Manichäismus, einer leibfeindlichen, dualistischen Heilslehre, geprägt, von dem er sich nur langsam und nach schwerem Ringen löste. Das Christentum konnte ihm erst Bischof Ambrosius von Mailand erschließen, dessen allegorische Bibelinterpretation dem philosophisch geschulten Augustinus eher entgegenkam als eine am unmittelbaren Wortsinn haftende Auslegung. Der spätere Bischof von Hippo wurde bald zum maßgeblichen Kirchenvater schlechthin für die theologische Entwicklung. Er interpretierte das Christentum vor allem mithilfe der Kategorien des Neuplatonismus, was

I. Die jüdisch-christliche Tradition

sich wirkungsgeschichtlich als höchst bedeutsam erweisen sollte. Nicht zu Unrecht konnte Friedrich Nietzsche im 19. Jahrhundert das Christentum spöttisch als Platonismus fürs Volk bezeichnen. Was heute in vieler Hinsicht kritisch zu sehen ist, war dennoch der Versuch, die christliche Lehre in damals weitgehend zustimmungsfähigen philosophischen Kategorien zur Sprache zu bringen. Die Schriften des Augustinus sind bis heute wichtige theologische Bezugspunkte. Besonders zu erwähnen ist *De Trinitate*. Hier bietet er eine in sich kohärente neuplatonische Interpretation des zentralen christlichen Dogmas von der Dreieinigkeit. Einflussreich war auch seine Geschichtstheologie *De civitate Dei*, die er unter dem Eindruck des Niedergangs des römischen Imperiums schrieb. Mit seinen *Bekenntnissen* (*Confessiones*) jedoch schuf er eine neue Literaturgattung. Anhand seines eigenen biografischen Weges und der Reflexion seiner inneren wie äußeren Erfahrung behandelt er hier wesentliche Themen der christlichen Theologie. Bis heute sind auch seine Überlegungen zur Zeit oder zum Gedächtnis von philosophischer Relevanz. Die *Confessiones* sind zum größten Teil formal als Gebet, als Anrede an Gott, gestaltet, und einzelne Teile davon gehören zum Kostbarsten und Tiefsten, was die abendländische christliche Gebetstradition hervorgebracht hat. Es sollte nicht vergessen werden, dass Augustinus als Begründer einer eigenen Tradition des Mönchtums – viele Ordensgemeinschaften der katholischen Kirche orientieren sich bis heute an der „Augustinus-Regel" als Grundlage ihres Lebens – gerade für eine christliche Spiritualität von kaum zu überschätzender Bedeutung ist.

Groß bist du, o Herr, und deines Lobes ist kein Ende; groß ist die Fülle deiner Kraft, und deine Weisheit ist unermesslich. Und loben will dich der Mensch, ein so geringer Teil deiner Schöpfung; der Mensch, der sich unter der

„Du bist mir innerlicher als ich mir selbst!" – Aug. von Hippo

Last der Sterblichkeit beugt, dem Zeugnis seiner Sünde, einem Zeugnis, dass du den Hoffärtigen widerstehest; und doch will dich loben der Mensch, ein so geringer Teil deiner Schöpfung. Du schaffest, dass er mit Freuden dich preise, denn zu deinem Eigentum erschufst du uns, und ruhelos ist unser Herz, bis es ruhet in dir. [...]
Was bist du mir? Habe Erbarmen mit mir, dass ich mich unterfange, von dir zu reden. Was bin ich dir, dass du Liebe von mir forderst und dein Zorn mir droht und unermessliches Elend, wenn ich es nicht täte? Ist es denn ein geringes Elend, wenn ich dich nicht liebe? Wehe mir! Sage mir, o Herr und mein Gott, um deiner erbarmenden Liebe willen, was du mir bist. Sprich zu meiner Seele: „Ich bin deine Hilfe." So sprich, auf dass ich dich hören kann. Sieh meines Herzens Ohr lauschend vor dir; erschließe es, o Herr, und sprich zu meiner Seele: „Ich bin deine Hilfe." Betend will ich folgen dieser Stimme und dich ergreifen. Verbirg dein Angesicht nicht vor mir, ich will sterben, damit ich [ewig] lebe und dich schaue von Angesicht zu Angesicht. [...]
Spät habe ich dich geliebt, du Schönheit, so alt und doch so neu, spät habe ich dich geliebt! Und siehe, du warest im Innern, und ich war draußen und suchte dich dort; und ich, missgestaltet, verlor mich leidenschaftlich in die schönen Gestalten, welche du geschaffen. Mit mir warst du, und ich war nicht mit dir. Die Außenwelt hielt mich lange von dir fern, und wenn diese nicht in dir gewesen wäre, so wäre sie überhaupt nicht gewesen. Du riefest und schriest und brachst meine Taubheit. Du schillertest, glänztest und schlugst meine Blindheit in die Flucht. Du wehtest, und ich schöpfte Atem und atme zu dir auf. Ich kostete dich und hungre und dürste. Du berührtest mich und ich entbrannte in deinem Frieden.

(Aurelius Augustinus 2008, Erstes Buch, Kap. 1 und 5, Zehntes Buch, Kap. 27)

I. Die jüdisch-christliche Tradition

„Komm, Schöpfer Geist!"

Der folgende Hymnus an den Schöpfergeist wird Hrabanus Maurus zugeschrieben, der zur Zeit Karls des Großen als einer der herausragendsten Theologen galt. Ort seines Wirkens war Mainz. Sein reichhaltiges literarisches Schaffen umfasst neben Bibelkommentaren sowie Lehrschriften über profanes und theologisches Wissen auch Hymnen und Gedichte. Neben der sog. „goldenen Sequenz" aus dem 13. Jahrhundert ist der folgende Hymnus das bedeutendste Zeugnis der Verehrung des Heiligen Geistes der mittelalterlichen abendländischen Kirche, der man nicht ganz zu Unrecht eine gewisse „Geistvergessenheit" (etwa im Gegensatz zur ostkirchlichen Theologie und Liturgie) nachsagt. Angesichts des recht vieldeutigen Wortes „Geist" ist es ratsam, an dessen biblische Wurzeln zu erinnern: In der hebräischen Bibel begegnet die *ruach* (weiblich!) Gottes bereits am Anfang der Schöpfung („... und der Geist Gottes schwebte über dem Wasser"; Gen1,2). Was später mit *pneuma* (griechisch) und *spiritus* (lateinisch) wiedergegeben wird, meint im ursprünglichen Sinne Windhauch, Atem, eine von Gott ausgehende dynamische, belebende Kraft. In der hebräischen Bibel begegnet diese *ruach* Gottes vor allem als eine, die von Menschen, unter anderem den Propheten, Besitz ergreift und sie zur Verkündigung seines wirkmächtigen Wortes autorisiert. Im Buch Joël wird die Ausgießung des Geistes auf alle Menschen für das Ende der Zeit erwartet. Gottes dynamisches Wirken in der Schöpfung und in der Geschichte Israels erfährt im Zweiten Testament eine Konzentration auf die Person Jesu, der in der lukanischen Kindheitsgeschichte, in der Perikope von der Taufe am Jordan und in vielen anderen Evangelienperikopen als der geschildert wird, auf dem der Geist Gottes ruht. In der Apostelgeschichte wird der Ursprung der Kirche selbst auf die Aussendung des Geistes zurückgeführt. Das Wirken des Geistes wird jedoch auch im Zweiten Testament keineswegs auf die Gemeinschaft der Kirche beschränkt, sondern die eschatologische Heils- und Lebensmacht, wie sie sich in Jesus endgültig offenbart hat, ist im gesamten Kosmos wirksam! (vgl. Röm 8,18–25). Auch heute müsste eine Theologie des Geistes nicht zuletzt die im Kosmos und in der Evolutionsgeschichte selbst anzutreffende Dynamik in Richtung auf eine immer größere Selbstgegebenheit, Freiheit und Gemeinschaftsfähigkeit thematisieren. Die Entwicklung der Lehre von der Dreieinigkeit Gottes im Lauf der ersten Jahrhunderte hat den Heiligen Geist neben dem Vater und dem Sohn als eine Person der Trinität herausgestellt. Bei aller Problematik dieses Versuches, den biblischen Glauben mithilfe der Kategorien der hellenistischen Philosophie auszusagen, bleibt die dahinterliegende Intention festzuhalten: Christen meinen mit diesem Dogma, dass in der lebenschaffenden, dynamischen Wirkkraft Gottes in Kosmos und Geschichte nicht einfach nur „etwas" von Gott, sondern Gott selbst begegnet. Und: Im christlichen Verständnis ist Gott selbst in sich bereits Gemeinschaft, und nur als solche kann er als Liebe frei verströmen und sich an das Nichtgöttliche hingeben. Der Hymnus an den Schöpfergeist gehört bis heute zum Gebets- und Liedgut der christlichen Kirchen. Die hier gewählte deutsche Übersetzung stammt von keinem Geringeren als von Johann Wolfgang von Goethe.

Veni, Creator Spiritus,
mentes tuorum visita:
imple superna gratia,
quae tu creasti pectora.

Qui diceris Paraclitus,
donum Dei altissimi,
fons vivus, ignis, caritas
et spiritalis unctio.

I. Die jüdisch-christliche Tradition

Tu septiformis munere
dextrae Dei tu digitus,
tu rite promissum Patris
sermone ditans guttura.

Accende lumen sensibus,
infund'amorem cordibus,
infirma nostri corporis
virtute firmans perpeti.

Hostem repellas longius
pacemque dones protinus;
ductore sic te praevio
vitemus omne noxium.

Per te sciamus da Patrem
noscamus atque Filium,
te utriusque Spiritum
credamus omnis tempore.

(aus: Gotteslob, Katholisches Gebet- und Gesangbuch, 301)

Komm, Heiliger Geist, du Schaffender!
Komm, deine Seelen suche heim;
Mit Gnadenfülle segne sie,
Die Brust, die du geschaffen hast!

Du heißest Tröster, Paraklet[6]*,*
Des höchsten Gottes Hochgeschenk,
Lebend'ger Quell und Liebesglut
Und Salbung heiliger Geisteskraft.

Du siebenfaltiger Gabenschatz,
Du Finger Gottes rechter Hand,

---

[6] Beistand, Fürsprecher; so wird der von Jesus verheißene Geist im Johannesevangelium genannt (vgl. Joh 14,15ff).

Von ihm versprochen und geschickt,
Der Kehle Stimm' und Rede gibst.

Den Sinnen zünde Lichter an,
Dem Herzen frohe Mutigkeit,
Dass wir im Körper Wandelnden
Bereit zum Handeln sei'n, zum Kampf!

Den Feind bedränge, treib ihn fort,
Dass uns des Friedens wir erfreun.
Und so an deiner Führerhand
Dem Schaden überall entgehn!

Vom Vater uns Erkenntnis gib,
Erkenntnis auch vom Sohn zugleich,
Uns, die dem beiderseit'gen Geist
Zu allen Zeiten gläubig flehn!

Darum sei Gott dem Vater Preis,
Dem Sohne, der vom Tod erstand,
Dem Paraklet, dem wirkenden,
Von Ewigkeit zu Ewigkeit!

(Dt. Übertragung Johann Wolfgang von Goethe;
Quelle: http://www.recmusic.org/lieder/got_text.html?TextId=58731)

Der Sonnengesang des Poverello

Zu Beginn des 13. Jahrhunderts, als der Kirchenstaat unter Papst Honorius III. seine größte territoriale Ausdehnung erlangte, als die Geldwirtschaft das Gefüge der alten Feudalgesellschaft ins Wanken brachte, als die Städte an Bedeutung gewannen und die ersten Universitäten entstanden, verkörperte Franziskus von Assisi wie kein anderer die Radikalität und Verrücktheit des Evangeliums. Aus reichen Verhältnissen stammend, wurde er bettelarm, lebte mit seinen Gefährten von der

I. Die jüdisch-christliche Tradition

Hand in den Mund, ging da hin, wo sonst niemand hinging: zu den Leprakranken außerhalb der Stadttore. Franziskus war darin keine singuläre Erscheinung, sondern vielmehr Teil einer sehr breiten Armutsbewegung, die sich im Kontrast zur sich entwickelnden Geldökonomie herausbildete. Viele andere, die die radikale Armut des Evangeliums lebten, wie etwa Johannes Bonus, sind heute in Vergessenheit geraten, große Teile dieser vielfältigen Armutsbewegung wurden als Ketzer verfolgt. Franziskus bleibt bis heute ein Stachel im Fleisch des etablierten und allzu angepassten Christentums. Neben seiner radikalen Besitzlosigkeit und zärtlichen Hingabe an die Armen ist der zweite faszinierende Grundzug seiner Persönlichkeit eine geradezu kindlich-naive Empfänglichkeit für die außermenschliche Kreatur. Unvergleichlich beschrieb dies Thomas von Celano, der erste Biograf des „Poverello": „Wie erheiterte doch seinen Geist die Blumenpracht, wenn er ihre reizende Gestalt sah und ihren lieblichen Duft einsog! [...] Und wenn er eine große Anzahl von Blumen fand, predigte er ihnen und lud sie zum Lob des Herrn ein, gleich als ob sie vernunftbegabte Wesen wären. So erinnerte er auch Saatfelder und Weinberge, Steine und Wälder und die ganze liebliche Flur, die rieselnden Quellen und alles Grün der Gärten, Erde und Feuer, Luft und Wind in lauterster Reinheit an die Liebe Gottes und mahnte sie zu freudigem Gehorsam. – Endlich nannte er alle Geschöpfe ‚Bruder' und erfasste in einer einzigartigen und für andere ungewohnten Weise mit dem scharfen Blick seines Herzens die Geheimnisse der Geschöpfe; war er doch schon zur Freiheit der Herrlichkeit der Kinder Gottes gelangt." (Celano 1980, 147 = 1 Cel 81 f).

Gottes Gegenwart in der Schöpfung wahrzunehmen ist sicherlich ein Grundzug des christlichen Glaubens, angefangen bei den Gleichnissen Jesu in den synoptischen Evangelien. Der große Theologe Thomas von Aquin schrieb, dass das Universum und jedes einzelne

Geschöpf in ihm an der Gutheit Gottes teilhaben und sie zum Ausdruck bringen. Meister Eckhart, der größte Mystiker des abendländischen Mittelalters, meinte, jedes Geschöpf sei Gottes voll und ein Buch über Gott, und wenn er nur genug Zeit mit einer Raupe verbrächte, müsste er keine Predigt mehr vorbereiten. Und noch für Luther schrieb Gott das Evangelium nicht in der Bibel allein, sondern auf Bäume, Blumen, Wolken und Sterne. Doch in seiner Unmittelbarkeit und Unbefangenheit, mit der er die Kreaturen als seine Geschwister ansprach, bleibt Franziskus einzigartig. Dass dies keineswegs eine die Realität verfälschende Idylle ist, zeigt überdeutlich die letzte Strophe, die Franziskus im Sterben seinem Sonnengesang hinzugefügt haben soll und mit der er den „Bruder Tod" willkommen heißt. Auch wenn kaum jemand von uns dieses zärtlich-intime Verhältnis zur außermenschlichen Kreatur imitieren kann, bleibt es doch eine Aufforderung, sich selbst als Teil einer großen Schicksalsgemeinschaft des Lebens zu begreifen und als solcher auch seine eigene Endlichkeit anzunehmen, anstatt Allmachtsfantasien auf Kosten der Lebensgrundlagen insgesamt auszuleben. In diesem Sinne schreibt der große englische Historiker Arnold Toynbee: „Um für die nächsten zweitausend Jahre eine bewohnbare Biosphäre zu erhalten, müssen wir und unsere Nachkommen das Beispiel des Pedro Bernardone [des Vaters des hl. Franziskus] – eines großen Stoffhändlers im 13. Jahrhundert, der nur sein eigenes materielles Wohlergehen im Sinn hatte – vergessen und stattdessen dem Vorbild seines Sohnes, des hl. Franziskus, des besten aller Menschen, die im Abendland je gelebt haben, nachzueifern beginnen. Das Beispiel, das uns der hl. Franziskus gegeben hat, ist es, das wir Abendländer aus ganzem Herzen nachahmen müssen, denn er ist der einzige Abendländer, der die Erde retten kann." (1972, 10 f)

I. Die jüdisch-christliche Tradition

Erhabenster, allmächtiger, guter Herr,
dein sind der Lobpreis, die Herrlichkeit
und die Ehre und jegliche Benedeiung.

Dir allein, Erhabenster, gebühren sie,
und kein Mensch ist würdig, dich zu nennen.
Gepriesen seist du, mein Herr,
mit allen deinen Geschöpfen,
zumal dem Herrn, Bruder Sonnenball[7],
denn er ist der Tag,
und spendet das Licht uns durch sich.

Und er ist schön und strahlend in großem Glanz.
Dein Sinnbild trägt er, Erhabenster.

Gepriesen seist du, mein Herr,
durch Schwester Mondsichel und die Sterne,
am Himmel hast du sie gebildet,
hell leuchtend und kostbar und schön.

Gepriesen seist du, mein Herr,
durch Bruder Wind und durch Luft und Wolken
und heiteren Himmel und jegliches Wetter,
durch welches du deinen Geschöpfen den Unterhalt gibst.

Gepriesen seist du, mein Herr,
durch Schwester Wasser,
gar nützlich ist es
und demütig und kostbar und keusch.

Gepriesen seist du, mein Herr,
durch Bruder Feuer,
durch das du die Nacht erleuchtest;

---

[7] In den romanischen Sprachen, so auch im Altitalienischen, hat die Sonne grammatikalisch männliches Geschlecht, der Mond hingegen weibliches. Um dieses grammatikalische Geschlecht im Deutschen beizubehalten, habe ich mit „Sonnenball" und „Mondsichel" übersetzt.

*und es ist schön und liebenswürdig
und kraftvoll und stark.*

*Gepriesen seist du, mein Herr,
durch unsere Schwester, Mutter Erde,
die uns ernährt und lenkt
und mannigfaltige Frucht hervorbringt
und bunte Blumen und Kräuter.*

*Gepriesen seist du, mein Herr,
durch jene, die verzeihen um deiner Liebe willen
und Schwachheit ertragen und Drangsal.*

*Selig jene, die solches ertragen in Frieden,
denn von dir, Erhabenster, werden sie gekrönt.*

*Gepriesen seist du, mein Herr,
durch unseren Bruder, den leiblichen Tod;
ihm kann kein Mensch lebend entrinnen.*

*Wehe jenen, die in schwerer Sünde sterben.
Selig jene, die sich in deinem allheiligen Willen finden,
denn der zweite Tod wird ihnen kein Leides tun.*

*Lobet und preiset meinen Herrn
und erweiset ihm Dank
und dient ihm mit großer Demut.*

(Text in Anlehnung an: Wikipedia, Sonnengesang, Franz von Assisi)

Der „Doctor angelicus" und die Sinnlichkeit des Glaubens

Thomas von Aquin ist ohne Zweifel der größte mittelalterliche Theologe und galt in der katholischen Kirche noch bis zum Zweiten Vatikanischen Konzil als die unbestrittene theologische Autorität schlechthin

– leider oft in der Zerrgestalt eines allzu engstirnigen Thomismus, der diesem intellektuellen Gottsucher keineswegs gerecht wird. Das 13. Jahrhundert war unter anderem die Geburtsstunde einer neuen gesellschaftlichen Kraft: der Intelligenz, die sich in den entstehenden Universitäten relativ eigenständig entfalten konnte. Kirchlicherseits war es der Bettelorden der Prediger (Dominikaner), der sich bewusst in den Universitätsstädten niederließ und lebhaften Anteil an der Entstehung der Theologie als akademischer Wissenschaft nahm. Thomas trat gegen die heftige Gegenwehr seiner Familie dem Dominikanerorden bei und wurde bald – vor allem in Paris und Neapel – zum überragenden Theologen der Scholastik. Entscheidend für sein Denken war die Rezeption des Aristoteles, der über den Umweg arabischer Intellektueller dem Abendland neu erschlossen wurde. Im Gegensatz zum bis dahin dominierenden Neuplatonismus nimmt hier das Denken seinen Ausgangspunkt bei der sinnlichen Wahrnehmung. In Thomas' monumentalem Werk, der *Summa theologiae* – als Lehrbuch für Novizen gedacht! –, heißt es denn auch: „Unsere natürliche Erkenntnis kann so weit reichen, wie sie sich durch die Gegenstände unserer Sinne an der Hand führen lassen kann." (Sth I q. 12 a. 12 c.) Die aristotelische Philosophie ist der Horizont, in dem Thomas den biblischen Glauben denkerisch durchdringt und erschließt. Er wird dadurch ohne Zweifel zu einem Wegbereiter der Moderne. Johann Baptist Metz hat aufgezeigt, dass in Thomas' Theologie bereits jene anthropozentrische Denkform bestimmend ist, die letztlich mit der Aufklärung zum endgültigen Durchbruch kommt. Und mit seiner Unterscheidung von Erst- und Zweitursache ermöglicht es Thomas, die relative Autonomie von Natur und Welt zu erfassen. Folgerichtig sind für ihn weltliche Wirklichkeit (Natur) und göttliche Gnade auch keine getrennten Sphären, vielmehr setzt in seinem Verständnis die Gnade die Natur voraus und vollendet diese. Die mit unseren

Sinnen erfahrbare Welt kann, weil von Gott als gut geschaffen, auch zum Zeichen für das Heil in Jesus Christus werden. Das ist letztlich Thomas' Verständnis der Sakramente. Ergreifender und überzeugender noch als in seiner streng der scholastischen Methode folgenden Argumentation kommt dies in folgendem Hymnus für die eucharistische Anbetung[8] zum Ausdruck. Dass Thomas' Theologie letztlich aus dieser betenden Betrachtung des absoluten Geheimnisses hervorgeht, bezeugt sein Wort, das er kurz vor seinem Tod – er starb auf dem Weg zum Konzil von Lyon, wo er als theologischer Experte mitwirken sollte – gesprochen haben soll: „Alles, was ich geschrieben habe, ist Stroh – im Vergleich zu dem, was ich geschaut habe."

Adoro te devote, latens Deitas,
Quae sub his figuris vere latitas:
Tibi se cor meum totum subiicit,
Quia te contemplans totum deficit.

Visus, tactus, gustus, in te fallitur,
Sed auditu solo tuto creditur.
Credo quidquid dixit Dei Filius:
Nil hoc verbo Veritatis verius.

In cruce latebat sola Deitas,
At hic latet simul et humanitas;
Ambo tamen credens atque confidens,
Peto quod petivit latro paenitens.

---

[8] Trotz aller bedenklicher Frömmigkeitsformen und trotz vieler Missverständnisse der sog. „Transsubstantiationslehre" bleibt festzuhalten: Die katholische Praxis der eucharistischen Anbetung etabliert keinen Fetisch, sondern versteht sich selbst als Verlängerung und Vertiefung der gemeinsamen Feier der Eucharistie. Die „Gegenwart" Jesu Christi hat also auch in katholischer Auffassung nichts mit einer an die Brotgestalt gebundenen Magie zu tun, sondern sie ereignet sich in der gemeinsamen Feier des Gedächtnisses von Leiden, Tod und Auferstehung Jesu.

I. Die jüdisch-christliche Tradition

Plagas, sicut Thomas, non intueor;
Deum tamen meum, te confiteor.
Fac me tibi semper magis credere,
In te spem habere, te diligere.

O memoriale mortis Domini!
Panis vivus, vitam praestans homini!
Praesta meae menti de te vivere
Et te illi semper dulci sapere.

Pie pelicane, Iesu Domine,
Me immundum munda tuo sanguine.
Cuius una stilla salvum facere
Totum mundum quit ab omni scelere.

Iesu, quem velatum nunc aspicio,
Oro fiat illud quod tam sitio;
Ut te revelata cernens facie
Visu sim beatus tuae gloriae.

(aus: Wikipedia, Adoro te devote)

In Demut bet'ich dich, verborgene Gottheit, an,
Die du den Schleier hier des Brotes umgetan.
Mein Herz, das ganz in dich anschauend sich versenkt,
Sei ganz dir untertan, sei ganz dir hingeschenkt!

Gesicht, Gefühl, Geschmack betrügen sich in dir,
Doch das Gehör verleiht den sicheren Glauben mir,
Was Gottes Sohn gesagt, das glaub' ich hier allein,
Es ist der Wahrheit Wort, und was kann wahrer sein?

Am Kreuzesstamme war die Gottheit nur verhüllt,
Hier hüllt die Menschheit auch sich gnädig in ein Bild.
Doch beide glaubt mein Herz, und sie bekennt mein
    Mund,
Wie einst der Schächer tat in seiner Todesstund'.

Die Wunden seh' ich nicht, wie Thomas einst sie sah,
Doch ruf' ich: Herr, mein Gott, du bist wahrhaftig da!
O gib, dass immer mehr mein Glaub' lebendig sei,
Mach meine Hoffnung fest, mach meine Liebe treu.

O Denkmal meines Herrn an seinen bittern Tod,
O lebenspendendes und selbst lebend'ges Brot!
Gib, dass von dir allein sich meine Seele nährt
Und deine Süßigkeit stets kräftiger erfährt.

O guter Pelikan[9]*, o Jesu höchstes Gut!*
Wasch rein mein unrein Herz mit deinem teuren Blut.
Ein einz'ger Tropfen schafft die ganze Erde neu,
Wäscht alle Sünder rein, stellt alle schuldenfrei.

O Jesu, den verhüllt jetzt nur mein Auge sieht;
Wann stillst das Sehnen du, das in der Brust mir glüht:
Dass ich enthüllet dich anschau' von Angesicht
Und ewig selig sei in deiner Glorie Licht?

(Übersetzung aus dem Schott-Messbuch von 1921)

Thomas Morus: Freiheit des Gewissens und Sinn für Humor

Das folgende Gebet atmet den Geist des Humanismus. Der Londoner Anwalt und Vater einer kinderreichen Familie, Thomas More, liebt die altgriechische Sprache und ist eng mit Erasmus von Rotterdam befreundet. Thomas Morus hat als Erster ein Wort geprägt, das aus unserem politischen Vokabular nicht mehr wegzudenken ist: Im Jahr 1516 erscheint sein gesellschaftskritischer Roman *Utopia* – wie es der Zu-

---

[9] Dem Pelikan wurde nachgesagt, dass er seine Brust aufreißt, um mit seinem Blut seine Jungen zu ernähren. Aufgrund dessen konnte er zum Sinnbild der Erlösung werden.

fall will, etwa zeitgleich mit Macchiavellis *Der Fürst*. Die Beschreibung des fiktiven Landes, das „an keinem Ort" zu finden ist (das ist die wörtliche Übersetzung von „Utopie", vom Griechischen *ou tópos* abgeleitet), deckt die skandalösen und lächerlichen Zustände der herrschenden gesellschaftlichen Realität auf. Thomas Morus durchlief eine beachtliche politische Karriere. Als Parlamentsmitglied wurde er bald dessen Sprecher. Heinrich VIII. wurde auf ihn aufmerksam und betraute ihn mit diplomatischen Missionen. Und schließlich wurde er zum Lordkanzler ernannt. Als Heinrich VIII. die Annullierung seiner kinderlos gebliebenen Ehe anstrebte, um sich mit der jungen Anne Boleyn zu vermählen, wurde ihm das vom Papst verweigert. Der englische König machte sich daraufhin selbst zum Oberhaupt der Kirche von England und ließ den Klerus den Suprematseid auf ihn leisten. Als dieser Eid später auch von allen Inhabern öffentlicher Ämter in Bezug auf die Nachfahren des Königs abgelegt werden sollte, verweigerte sich Thomas Morus standhaft. Ein tiefer Abscheu gegen die Beugung von Recht, das er als unverzichtbar für das menschliche Zusammenleben erachtete, motivierte diese Haltung. Den Opportunismus des Großteils seiner Zeitgenossen konnte er nicht teilen. Am 6. Juni 1535 bestieg dieser Märtyrer der Gewissensfreiheit das Schafott. Eine Anekdote überliefert, dass er seinen Humor bis zu diesem tragischen Ende bewahrte. An seinen Henker soll er folgende Worte gerichtet haben: „So nehmt nun all Euren Mut zusammen, mein Guter, und zögert nicht, Eures Amtes zu walten. Doch ich habe einen sehr kurzen Hals. Passt auf, dass Ihr nicht danebentrefft, denn es steht Eure Ehre auf dem Spiel." (vgl. Clévenot 1988, 57)

Schenke mir eine gute Verdauung, Herr, und auch etwas zum Verdauen. Schenke mir Gesundheit des Leibes, mit dem nötigen Sinn dafür, ihn möglichst gut zu erhalten.

Schenke mir eine heilige Seele, Herr, die das im Auge behält, was gut ist und rein, damit sie im Anblick der Sünde nicht erschrecke, sondern das Mittel finde, die Dinge wieder in Ordnung zu bringen.
Schenke mir eine Seele, der die Langeweile fremd ist, die kein Murren kennt und kein Seufzen und Klagen, und lass nicht zu, dass ich mir allzu viel Sorgen mache um dieses sich breit machende Etwas, das sich „Ich" nennt. Herr, schenke mir Sinn für Humor, gib mir die Gnade, einen Scherz zu verstehen, damit ich ein wenig Glück kenne im Leben und anderen davon mitteile.

(aus: Gotteslob, Katholisches Gebet- und Gesangbuch, 35)

„Wir sind Bettler. Das ist wahr." – Der Beter Martin Luther

„Ich bin selbst oft dazugekommen, als er mit heißen Tränen für die ganze Kirche sein Gebet gesprochen hat. Denn er nahm sich täglich eigens Zeit, die Psalmen zu sprechen, wobei er mit Seufzen und Weinen sein Gebet daruntermengte. Und im täglichen Gespräch zeigte er oft Unwillen über die, die aus Faulheit oder Geschäftigkeit vorgeben, es genüge, nur mit einem kurzen Seufzen Gott anzurufen. Denn eben darum – so sprach er – sind uns Form und Weise zu beten vorgeschrieben, dass, wenn wir Gebete lesen und sprechen, unsere Herzen dadurch erweckt und entzündet werden, und dass auch unser Mund bekenne, welchen Gott wir anrufen ..." (Kern 2010, 69 f). Mit diesen Worten schildert Melanchthon in seiner Grabrede für Luther das Gebetsleben des großen Reformators. Kein Zweifel: Martin Luther war ein Mann des Gebetes, ja man kann ihn – wie unlängst Gerhard Wehr (2011) zeigte – mit Fug und Recht als einen Mystiker bezeichnen. Ohne diesen mystischen Grundzug ist der Reformator wohl kaum adäquat zu verstehen. Angeregt durch seinen Lehrer und Ordensbruder Johann von Staupitz setzt sich der Augustinereremit Luther intensiv mit der „deutschen Mystik" auseinander, insbesondere mit den stark christozentrischen Predigten Johannes Taulers. Und Jahre vor seinen eigenen großen reformatorischen Schriften gibt Luther die anonyme Schrift eines „Frankfurter Gottesfreundes" heraus. Das in der Folge als „Theologia deutsch" bekannt gewordene Buch ist keineswegs, wie es der Titel nahelegen könnte, ein theologischer Traktat, sondern eine durch und durch mystagogische Schrift, deren zentrales Thema das neue Leben in Christus ist. Nach der Bibel hätte es – so Luther in seiner Vorrede – kein anderes Buch gegeben, aus dem er mehr über Gott, Christus, Mensch und überhaupt alle Dinge erfahren und gelernt hätte. Schließlich muss m.E. der „reformatorische Durchbruch" Luthers selbst, die Grundeinsicht von der Rechtfertigung des Menschen allein durch Gottes bedingungslose Gnade, als ein mystisches Erleben verstanden werden. Für Luther hat dieser reformatorische Durchbruch Zeit und Ort. Er schildert später selbst, dass diese Erkenntnis, dass der Mensch aus Gottes Gnade allein gerecht sei, ihn in seiner Studierstube im Turm des Augustinerklosters zu Wittenberg plötzlich durchdrungen hätte. Seither hat sich dafür auch der Begriff „Turmerlebnis" eingebürgert. In diesem Selbstzeugnis sagt Luther, dass er den gerechten, Sünden strafenden Gott nicht lieben konnte, sondern vielmehr hasste. Dass sich ihm plötzlich ein ganz neues Verständnis der Gerechtigkeit Gottes erschloss, nämlich seiner Rechtfertigung des Menschen aus Gnade und Barmherzigkeit, führt er selbst darauf zurück, dass Gott sich seiner erbarmte. Und er schließt: „Nun fühlte ich mich ganz und gar neu geboren: Die Tore hatten sich mir aufgetan: Ich war in das Paradies selber eingegangen. Da zeigte mir sogleich auch die ganze Heilige Schrift ein anderes Gesicht." (zit. nach: Pesch 1982, 82) Die tiefe Gottergriffenheit des Reformators wird noch in seiner Sterbestunde deutlich. Auf einen Zettel kritzelt er die Worte, die seine ganze mystische Erfahrung eindrucksvoll zusammenfassen: „Wir sind Bettler. Das ist wahr."

Martin Luthers Gebete und Lieder sind bis heute ein wichtiger Bestandteil des Gebetsschatzes der evangelischen Kirche.

Aus tiefer Not

Aus tiefer Not schrei ich zu dir,
Herr Gott, erhör mein Rufen;
Dein gnädig Ohren kehr zu mir
Und meiner Bitt sie öffne.
Denn so du willst das sehen an,
Was Sünd und Unrecht ist getan,
Wer kann Herr vor dir bleiben?

Bei dir gilt nichts denn Gnad und Gunst,
Die Sünden zu vergeben.
Es ist doch unser Tun umsonst,
Auch in dem besten Leben.
Vor dir niemand sich rühmen kann,
Es muss dich fürchten jedermann
Und deiner Gnaden leben.

Darum auf Gott will hoffen ich,
Auf mein Verdienst nicht bauen.
Auf ihn mein Herz soll 'lassen sich
Und seiner Güte trauen,
Die mir zusagt sein wertes Wort,
Das ist mein Trost und treuer Hort,
Des will ich allzeit harren.

Und ob es währt bis in die Nacht
Und wieder an den Morgen,
Doch soll mein Herz an Gottes Macht
Verzweifeln nicht noch sorgen.
So tu' Israel rechte Art,

I. Die jüdisch-christliche Tradition

Der aus dem Geist erzeuget ward,
Und seines Gotts erharre.

Ob bei uns ist der Sünden viel,
Bei Gott ist viel mehr Gnaden.
Sein Hand zu helfen hat kein Ziel,
Wie groß auch sei der Schaden.
Er ist allein der gute Hirt,
Der Israel erlösen wird
Aus seinen Sünden allen.

(aus: Evangelisches Gesangbuch, Nr. 299)

Mitten wir im Leben ...

Mitten wir im Leben sind
Mit dem Tod umfangen.
Wen suchen wir, der Hilfe tu,
Dass wir Gnad erlangen?
Das bist du, Herr, alleine;
Uns reuet unser Missetat,
Die dich, Herr, erzürnet hat.

Ref.: Heiliger Herre Gott,
Heiliger starker Gott,
Heiliger barmherziger Heiland,
Du ewiger Gott,
Lass uns nicht versinken
In des bittern Todes Not.
Kyrieleison.

Mitten in dem Tod anficht
Uns der Höllen Rachen.
Wer will uns aus solcher Not
Frei und ledig machen?
Das tust du, Herr, alleine.
Es jammert dein Barmherzigkeit

Unser Klag und großes Leid.

Ref.: Heiliger Herre Gott ...

Mitten in der Höllen Angst
Unser' Sünd uns treiben.
Wo solln wir denn fliehen hin,
Da wir mögen bleiben?
Zu dir, Herr Christ, alleine.
Vergossen ist dein teures Blut,
Das gnug für die Sünden tut.

Ref.: Heiliger Herre Gott ...

(aus: Evangelisches Gesangbuch, Nr. 518)

Ignatius von Loyola und der je größere Gott

In folgendem Gebet spiegelt sich die gesamte nüchterne und klare Spiritualität des Gründers der „Gesellschaft Jesu", des Jesuitenordens. Kurz nach der Geburt des Basken Ignatius von Loyola beginnt in Spanien die *Reconquista*, die Rückeroberung der iberischen Halbinsel aus der Hand der Mauren. Ignatius, einer der vielen „Hidalgos", also jener Abkömmlinge des Kleinadels, denen von der adeligen Abstammung nicht viel mehr als der Name geblieben war, wird als Soldat im Kampf gegen die Franzosen schwer verwundet. Die lange Genesungszeit ist zugleich die Zeit einer tiefen Bekehrung zum Christentum: „Nichts nützen mir die Grenzen der Welt noch die Königreiche dieser Zeit. Besser ist es für mich, hineinzusterben in Christus Jesus, als zu herrschen bis an die Grenzen der Erde." (zit. nach: Rahner 1956, 329). Bereits in fortgeschrittenem Alter studiert er Theologie und gründet mit wenigen Gleichgesinnten die Ordensgemeinschaft, die wie keine andere die Zeit der „Gegenreformation" der Kirche

I. Die jüdisch-christliche Tradition

nach dem Konzil von Trient prägen wird und die bis heute in besonders profilierter Weise Apostolat, soziales Engagement und Präsenz der katholischen Kirche in der akademischen Welt entscheidend vorantreibt. Freilich hatte der einflussreiche Orden auch seine recht zweifelhaften Seiten und war – etwa vonseiten Blaise Pascals und Voltaires – den größten Schmähungen und übelsten Verdächtigungen, ja sogar zeitweiligen Verboten, ausgesetzt. Heute verbindet man die Gesellschaft Jesu vor allem mit großen Wissenschaftlern wie dem Naturwissenschaftler und Theologen Pierre Teilhard de Chardin, der den christlichen Glauben mit einem evolutiven Weltbild versöhnte, mit dem wohl bedeutendsten katholischen Theologen des 20. Jahrhunderts, Karl Rahner, mit den im Jahr 1989 ermordeten sechs Jesuitenpatres der katholischen Universität in San Salvador, mit Jon Sobrino, einem der bedeutendsten Befreiungstheologen Lateinamerikas, und vielen mehr.

Der entscheidende Beitrag des Ignatius von Loyola zur Geschichte der christlichen Spiritualität sind ohne Zweifel seine *Geistlichen Übungen*, auch unter der Bezeichnung *ignatianische Exerzitien* bekannt. Hier entwickelt er eine streng durchdachte Methode zur „Unterscheidung der Geister": Gebete, Gewissenserforschung, Schriftmeditationen und Reflexionen unterschiedlicher Art, die einem genauen Plan folgen, sollen dem Einzelnen herauszufinden helfen, was er selbst will („lo que quiero") und worin der Wille Gottes für ihn besteht, was zu dessen höherer Ehre gereicht (*Ad maiorem Dei gloriam* lautet denn auch der Wahlspruch der Jesuiten). Deutlich wird hier vor allem: Der Wille Gottes wird nicht als eine uns äußerliche Instanz gedacht, der man sich zu unterwerfen hätte. Vielmehr ist – wie es später der Ordensbruder des Ignatius, Karl Rahner, in seiner Theologie herausarbeiten wird – der Freiheitsvollzug des Menschen, die Sich-selbst-Gegebenheit des Subjektes allererst ermöglicht und bedingt von jenem absoluten Geheimnis und letzten Horizont unserer Freiheit, Gott. Ignatius' Spiritualität stellt eine „Mystik der Weltfreudigkeit" (K. Rahner) dar, die weit über den Jesuitenorden hinaus einem christlichen Lebensentwurf auch heute Orientierung zu geben vermag.

Nimm hin, o Herr, meine ganze Freiheit. Nimm mein Gedächtnis, meinen Verstand, meinen ganzen Willen. Was ich habe und besitze, hast du mir geschenkt – ich stelle es dir wieder ganz und gar zurück und übergebe alles dir, dass du es lenkst nach deinem Willen. Nur deine Liebe schenke mir mit deiner Gnade und ich bin reich genug und suche nichts weiter.
Höchster König und Herr aller Wesen, obwohl ein Unwürdiger, biete ich mich doch dir ganz dar im Vertrauen auf deine Gnade und Hilfe und unterstelle all das Meine deinem Willen und versichere im Angesichte deiner glorreichen Mutter und deines ganzen himmlischen Hofes, dass Folgendes meine Absicht, mein Wunsch, mein festester Entschluss ist: dass ich, soweit es zu deiner größeren Ehre und zum Fortschritt meines Gehorsams dient, dir in möglichster Nähe folgen will, in wahrer geistiger und äußerer Armut, dir im Ertragen von Unrecht und jeglicher Widrigkeit nachleben will, wenn anders es deiner heiligen Mutter gefällt, mich zu einem solchen Beruf auszuerwählen und aufzunehmen.

(aus: Gotteslob. Katholisches Gebet- und Gesangbuch, 28)

„Ich bin ein Weib, und noch dazu kein gutes!" – Teresa von Avila und die spanische Mystik

Das Jahr 1492 war nicht nur das Jahr der „Entdeckung" Amerikas, sondern gleichzeitig das Jahr der *Reconquista*, der Wiedereroberung der iberischen Halbinsel aus der Hand der Mauren. Unter den „katholischen Königen" Isabella von Kastilien und Ferdinand

I. Die jüdisch-christliche Tradition

von Aragon wurde das Land im Zuge dieser Reconquista „gesäubert". Juden und Muslime wurden aus dem Land gejagt. Spanien beraubte sich damit selbst einer Bevölkerungsschicht von Handwerkern und Intellektuellen – eine der Ursachen für die Rückständigkeit des Landes trotz der beginnenden Ausbeutung der „neuen Welt". Juden konnten unter der Bedingung im Land bleiben, dass sie sich taufen ließen. Doch diese sogenannten „Conversos" blieben ständig dem Argwohn der christlichen Mehrheit ausgeliefert. Da man der Echtheit ihrer Bekehrung nicht traute, schuf man das verhängnisvolle Konzept der „limpieza de sangre", der „Reinheit des Blutes", das eine unselige Wirkungsgeschichte entfalten sollte und einen rassistischen Antisemitismus einleitete. Die Inquisition wütete in Spanien in den Jahren nach der Conquista mit besonderer Härte. In diesem Klima kam Teresa von Avila im Jahr 1515 zur Welt. Ihr Vater gehörte als erfolgreicher jüdischer Kaufmann selbst zu den ständig unter Verdacht stehenden Conversos. Wie sehr sie von der Mentalität ihrer Zeit geprägt war, zeigt die Episode aus ihrer Jugend, als sie zusammen mit ihrem Bruder versuchte, gegen die Mauren zu Felde zu ziehen um sich „den Kopf abschlagen zu lassen", in der Gewissheit, dadurch die ewige Seligkeit zu erlangen. Nach dem frühen Tod ihrer Mutter wählte Teresa gegen den Willen ihres Vaters das Leben als Karmelitin – aus Abscheu vor der Art von patriarchalischer Ehe, wie sie sie am Beispiel ihrer Eltern erlebt hatte. (So vermutet es zumindest Michel Clévenot; vgl. Clévenot 1988, 190). Doch dem inneren Verlangen der jungen Frau konnte das lediglich äußeren Regeln folgende Klosterleben nicht genügen. Ihr Körper rebellierte in Form von schweren Erkrankungen. Erst im Alter von vierzig Jahren vollzog sich bei ihr – ausgelöst durch die Betrachtung einer Statue des leidenden Christus – ein Durchbruch zu einer inneren Gotteserfahrung, aus der ein erstaunliches schriftstellerisches Werk und eine schier unglaubliche Reformtätigkeit hervorgehen sollten. Auf Veranlassung ihrer Beichtväter, vor allem aber für ihre Ordensschwestern legte sie ihre innere spirituelle Erfahrung vor allem in drei großen Werken[10] nieder, die nicht einfach Erbauungsliteratur sind, sondern durch ihre sprachliche Ausdrucksstärke zu Schlüsselwerken der spanischen Literatur werden sollten. Gleichzeitig reformierte sie tatkräftig den Karmeliterorden im Sinne ihrer mystischen Erfahrung. Unter großem körperlichem Einsatz und mit viel Organisationsgeschick gründete sie insgesamt 16 Reformklöster!

Teresas Schlüsselvision, die sie selbst im *Weg der Vollkommenheit* beschreibt, ist nur allzu deutlich sexuell konnotiert (vgl. Wehr 2012, 52 ff). Heutige, von der Psychoanalyse des 20. Jahrhunderts aufgeklärte Leser mag dies peinlich berühren. Eine so unverdächtige Kronzeugin wie die feministische und atheistische Philosophin Simone de Beauvoir weist jedoch scharfsinnig jede allzu platte Erklärung als sexuelle Sublimation zurück. Da ihre Analyse über Teresa hinaus von grundlegender Bedeutung für das Verständnis von Mystik und deren erotischen Bezügen ist, sei sie hier ausführlich zitiert:

„Gegner wie Bewunderer der Mystikerinnen denken, wenn man den Ekstasen der heiligen Therese einen sexuellen Inhalt gäbe, drücke man sie auf die Stufe einer Hysterikerin herab. Das hysterische Subjekt wird jedoch nicht durch die Tatsache beeinträchtigt, dass sein Körper aktiv seine Wahnvorstellungen ausdrückt, sondern dadurch, dass in seinen Wahnvorstellungen seine Freiheit gebannt und vernichtet wird ... Das körperliche Ausdrucksvermögen kann in den Schwung der Freiheit ganz hineingenommen sein. Die Texte der heiligen Therese lassen kaum einen Zweifel und recht-

---

[10] Es handelt sich dabei um ihre geistliche Autobiografie *Das Buch meines Lebens*, um *Weg der Vollkommenheit* und um ihr Hauptwerk, *Die innere Burg*; vgl. dazu Wehr 2012.

I. Die jüdisch-christliche Tradition

fertigen die Statue Berninis[11], die uns die Heilige den Ausbrüchen einer unwiderstehlichen Wollust hingegeben zeigt. Es wäre nicht weniger falsch, ihre Erregung als eine einfache sexuelle Sublimation zu deuten. Am Anfang steht nicht ein uneingestandenes sexuelles Begehren, das dann die Gestalt einer göttlichen Liebe annimmt. Die Liebende selbst ist nicht zuerst die Beute eines gegenstandslosen Verlangens, das sich hinterher an ein Individuum heftet ... So sucht die heilige Therese in einer einzigen Bewegung sich mit Gott zu vereinen und erlebt diese Vereinigung in ihrem Körper. Sie ist nicht die Sklavin ihrer Nerven und Hormone: Man muss vielmehr in ihr die Intensität eines Glaubens bewundern, der ihren Körper bis ins Innerste durchdringt." (Beauvoir 1968, 623 f)

Inmitten des größten Triumphs einer „Christenheit", die in Spanien und in der „neuen Welt" ihr Gewaltpotenzial entfaltet, wird Teresa zusammen mit ihrem karmelitischen Ordensgefährten Johannes vom Kreuz zur Begründerin einer „religiösen Individualitätskultur" (A.M. Haas), die dem Prunk und der institutionellen Festigung einer religiösen Herrschaftsideologie die innere Erfahrung des Absoluten, das innere Gebet und den freundschaftlichen Umgang mit jenem Gott entgegensetzt, der sich gerade im denkbar größten Gegensatz zur Macht offenbart: im leidenden Christus. Kühn und unbeirrbar setzt sie allem nur Vorläufigen, allen äußeren Widrigkeiten und dem eigenen Ausgeliefertsein an die Seelen- und Gemütskräfte ihr *Dios solo basta* („Gott allein genügt") entgegen. In dieser Verankerung im Absoluten wurzelt Teresas unglaubliches und gleichzeitig erfrischendes Selbstbewusstsein, mit dem die als erste Frau zur „Doctor Ecclesiae" erhobene Mystikerin nicht zuletzt zu einer wichtigen Gestalt für

---

[11] Gemeint ist Gian-Lorenzo Berninis Statue „Die Ekstase der heiligen Teresa von Avila", die er für die Kirche Santa Maria della Vittoria in Rom schuf.

die Frauenbefreiung geworden ist. Aus ihrem reichen spirituellen Schrifttum sei deshalb das folgende Gebet hervorgehoben und einer Kirche entgegengehalten, die heute noch mit den abenteuerlichsten „theologischen" Argumenten Frauen demütigt und unterdrückt.

Ich vertraue, mein Herr, auf diese deine Dienerinnen, die hier leben, von denen ich weiß und erlebe, dass sie nichts anderes wollen und beabsichtigen, als dir Freude zu machen. Für dich haben sie das Wenige, das sie besaßen, verlassen, und sie hätten gern mehr gehabt, um dir damit zu dienen ... Du, Herr meiner Seele, dir hat vor den Frauen nicht gegraut, als du durch diese Welt zogst, im Gegenteil, du hast sie immer mit großem Mitgefühl bevorzugt und hast bei ihnen genauso viel Liebe und mehr Glauben gefunden als bei den Männern, denn es war da deine heiligste Mutter, durch deren Verdienst – und weil wir ihr Gewand tragen – wir das verdienen, was wir wegen unserer Schuld nicht verdient haben.
Reicht es denn nicht, Herr, dass die Welt uns eingepfercht hat und für unfähig hält, in der Öffentlichkeit auch nur irgendetwas für dich zu tun, was etwas wert wäre, oder es nur zu wagen, ein paar Wahrheiten auszusprechen, über die wir im Verborgenen weinen, als dass du eine so gerechte Bitte von uns nicht erhörtest? Das glaube ich nicht, Herr, bei deiner Güte und Gerechtigkeit, denn du bist ein gerechter Richter, und nicht wie die Richter dieser Welt, für die, da sie Söhne Adams und schließlich lauter Männer sind, es keine Tugend einer Frau gibt, die sie nicht für verdächtig halten! Ja, Majestät, es muss der Tag kommen, an dem das alles offenbar wird. Ich spreche keineswegs für mich, denn der Welt ist meine Schlechtigkeit bekannt, und das ist mir auch ganz recht, nein, ich spreche so, weil ich die Zeiten so sehe. Es ist einfach nicht gerecht, starke, tugendhafte Seelen hinauszuwerfen, nur weil sie Frauen sind!

I. Die jüdisch-christliche Tradition

(Camino de Perfección de El Escorial – Weg der Vollkommenheit nach dem Manuskript des El Escorial, 4,1, in Anlehnung an die Übersetzung von Clarus 1851 ff)

Das „Friedensgebet des Franz von Assisi" – Ein Pseudonym

Am 20. Januar 1916, mitten im Ersten Weltkrieg also, wurde im *L'Osservatore Romano*, dem offiziellen Nachrichtenorgan des Vatikans, ein Gebet veröffentlicht, das bald in aller Welt Verbreitung finden sollte und sich bis heute großer Beliebtheit erfreut. Autor dieses Gebetes ist keineswegs Franziskus, wie viele meinen, sondern ein Unbekannter/eine Unbekannte aus der Normandie. Wie kam es zu dieser offensichtlich falschen, aber dennoch so treffenden Zuschreibung? Die anfängliche Kriegsbegeisterung war bald einem europaweiten Erschrecken vor der Katastrophe gewichen, in die sich die Völker selbst gestürzt hatten. Papst Benedikt XV. wurde nicht müde, zum Frieden zu mahnen, und unternahm auch diplomatische Initiativen, um das Gemetzel zu beenden. In den christlichen Gemeinden wurden damals zahlreiche Friedensgottesdienste abgehalten. Aus einer solchen Andacht stammt wohl dieses Gebet. Der Gründer des katholischen Wochenblattes *Souvenir Normand*, der Marquis de la Rochetulon, sandte etliche der Gebetstexte, die im Zuge dieser Friedensandachten entstanden waren, an den Papst, um ihn in seinem Engagement zu unterstützen. So fand dieses schlichte Gebet, das den Geist der Bergpredigt atmet, seinen Weg nach Rom und von dort in die ganze Welt. Noch im Januar wurde es zum Beispiel von der angesehenen französischen Tageszeitung *La Croix* abgedruckt. Ein Franziskanerpater war es schließlich, der diesem Gebet eine schier unglaubliche Popularität verschaffte: Er war damit beauftragt, sich in Reims um den sog. „Dritten Orden" zu kümmern, eine Laiengemeinschaft, die sich ohne Ordensgelübde zum Leben im Geist des Franziskus verpflichtet. Er ließ ein Andachtsbild drucken, das auf der einen Seite ein Bild des Franziskus mit der Drittordensregel in der Hand zeigte und auf der Rückseite den Text des Gebetes wiedergab, mit dem kommentierenden Satz: „Das Gebet fasst die Ideale des Franziskanismus zusammen, ist zugleich aber auch eine Antwort auf die dringenden Nöte unserer Zeit." Genau in der Form dieses Andachtsbildes erreichte und erreicht dieses Gebet bis heute Millionen Menschen. Der Kommentar des Franziskaners ist nur allzu treffend. Man vergleiche den Text des Gebetes etwa mit einem Abschnitt aus den sog. „Ermahnungen", die zum frühen franziskanischen Schrifttum zählen. Dort heißt es in Nr. 27: „Wo Liebe und Weisheit, da ist weder Angst noch Unwissenheit. Wo Geduld und Demut, da ist weder Zorn noch Verwirrung. Wo Armut und Freude, da ist weder Gier noch Geiz. Wo Friede und Betrachtung, da ist weder Unruhe noch Zerstreuung ... Wo Barmherzigkeit und Zurückhaltung, da ist weder Überschwang noch Herzenshärte." (Ermahnungen Nr. 27, in: Hardick/Grau ⁶1980). Einer der ersten Gefährten des Franziskus und zugleich einer der bedeutendsten Vertreter der franziskanischen Mystik, Ägidius von Assisi, formuliert in ähnlicher Weise in einem Gebet: „Selig, wer liebt, ohne geliebt zu werden; selig, wer die anderen in Ehren hält, ohne selbst in Ehren gehalten zu werden; selig, wer ihnen dient, ohne dass man ihm dient; selig, wer sie gut behandelt, ohne selbst gut behandelt zu werden." (zit. nach: Boff o.J., 21). In einem viel tieferen Sinne also als dem der faktischen Autorenschaft kann man dieses Gebet tatsächlich mit Recht Franziskus zuschreiben. Dieser franziskanische Geist ist aber letztlich kein anderer als der der Bergpredigt und des Evangeliums insgesamt, das angesichts der bedingungslosen Liebe Gottes zur Selbsthingabe ermutigt: „Wer sein Leben krampfhaft festzuhalten sucht, wird es verlieren,

I. Die jüdisch-christliche Tradition

wer es aber verliert, der wird es schließlich erst recht gewinnen." (Lk 1,33; vgl. auch Joh 12,25)

Herr,
mach mich zu einem Werkzeug deines Friedens,
dass ich liebe, wo man hasst;
dass ich verzeihe, wo man beleidigt;
dass ich verbinde, wo Streit ist;
dass ich Glauben bringe, wo Zweifel droht;
dass ich die Wahrheit sage, wo Irrtum ist;
dass ich Hoffnung wecke, wo Verzweiflung quält;
dass ich Freude bringe, wo Traurigkeit wohnt;
dass ich Licht entzünde, wo Finsternis regiert.

Meister, lass mich trachten,
dass ich mehr tröste, als dass ich getröstet werde;
dass ich mehr verstehe, als dass ich verstanden werde;
dass ich mehr liebe, als dass ich geliebt werde.

Denn wer gibt, der empfängt;
wer verzeiht, dem wird verziehen;
und wer stirbt, der erwacht zum ewigen Leben.

(aus: Gotteslob. Katholisches Gebet- und Gesangbuch, 71)

El malej rahamim – Gott voller Erbarmen

Der bürokratisch geplante und industriell durchgeführte Massenmord an Sinti, Roma, Homosexuellen, Zeugen Jehovas und an erster Stelle an den Juden stellt eine tiefe Zäsur innerhalb der Menschheitsgeschichte dar, eine Verletzung jeglicher Humanität, die nicht mehr heilen wird. Erschrockenes Verstummen wäre die einzige angemessene Reaktion – müsste man nicht auch noch das Schweigen vor jedem Missverständnis schützen. Die Shoah ist nicht nur der Höhepunkt der unsäglichen Leidensgeschichte der Juden gewesen. Vom Auschwitz-Überlebenden Elie Wiesel stammt das Diktum, dass in Auschwitz nicht das jüdische Volk, sondern vielmehr das Christentum gestorben sei. Die Katastrophe der Shoah war letztlich nur möglich auf dem Nährboden eines Antisemitismus, der seit frühester Zeit in Europa tief verankert war und an dem das Christentum maßgebliche Schuld trägt. Bereits Ambrosius von Mailand, an der Etablierung des Christentums als Staatsreligion des Römischen Reiches interessiert, stellte sich schützend vor den christlichen Pöbel, der eine Synagoge angezündet hatte, und identifizierte sich mit den Tätern: „Ich selbst habe die Synagoge in Brand gesteckt." Von den Pogromen im Mittelalter über Martin Luthers Hasstiraden setzte sich dieser christliche Antisemitismus bis in die jüngste Zeit hin fort. Noch auf dem Zweiten Vatikanischen Konzil gab es heftige Auseinandersetzungen darüber, ob man die Juden als „Gottesmörder" bezeichnen müsse. Und im Gegensatz zu seinem Vorgänger Johannes Paul II. gibt Papst Benedikt XVI. dem Antisemitismus in der katholischen Kirche wieder Raum. Um der Integration des rechten Randes des katholischen Spektrums willen ist er offensichtlich diesen Preis zu zahlen bereit, rehabilitiert einen Holocaust-Leugner und lässt mit der tridentinischen Messe vorübergehend indirekt die unsägliche Karfreitags-Fürbitte wieder zu, die von den „perfidi Iudaei" spricht. Die Katastrophe von Auschwitz betrifft also zutiefst auch jede christliche Identität. Der katholische Theologe Johann Baptist Metz weist beharrlich darauf hin, dass es Christen seither nicht mehr möglich ist, „mit dem Rücken zu Auschwitz" Theologie zu betreiben.

Auschwitz wirft für Juden und Christen in besonders zugespitzter Weise das sogenannte „Theodizee-Problem" auf, das heißt die Frage, wie man angesichts dieser Leidensgeschichte noch von einem liebenden und zugleich allmächtigen Gott sprechen könne. Es wäre unredlich, dieses Theodizee-Problem rational aufzulösen zu versuchen, weil man damit letztlich das Leid der Opfer wegrationalisieren würde. Die Klage und Anklage, auch an Gott selbst gerichtet, bewahrt uns davor, die Leidensgeschichte der Menschen zu beschwichtigen und ihnen nachträglich ihre Würde zu rauben. Juden wie Christen sind in ihrem Gottesglauben radikal an die Geschichte verwiesen. Sie können sie nicht in einem metaphysischen System einholen und ruhigstellen, sondern nur erinnern. So gehört auch und gerade die Leidensgeschichte zur Identität ihres Gottgedächtnisses.

Seit 1951 wird in Israel der „Jom haShoah" begangen, der offizielle Gedenktag an den Holocaust. Er fällt in die Zeit des Aufstandes im Warschauer Ghetto. Um 10.00 Uhr vormittags steht in Israel das Geschäftsleben still, zwei Minuten lang heulen die Sirenen. Ein fester Bestandteil der Gedenkfeiern ist das Gebet „El malej rahamim", das sich seiner Form nach an Gebeten orientiert, die bei der Bestattung gesprochen werden. Jüdischer Glaube entlässt auch die Toten nicht aus seiner Solidarität. Gemäß dem jüdischen Philosophen Max Horkheimer hat das Festhalten am Gottes- und Auferstehungsglauben genau den Sinn, den Mörder nicht in Ewigkeit über sein Opfer triumphieren zu lassen.

Theodor W. Adornos Satz, dass man nach Auschwitz keine Gedichte mehr schreiben könne, ist bekannt. Der tschechische marxistische Philosoph Milan Machovec hat diese Aussage gegen die Theologie gewandt und an Johann Baptist Metz die Frage gerichtet, ob man denn nach Auschwitz noch Gebete sprechen könne. Dessen Antwort lautete: Man kann *nach Auschwitz* deshalb noch beten, weil auch *in Auschwitz* gebetet wurde. (Metz 2006, 37)

Gott voller Erbarmen, der du in den Himmelshöhen
  thronst,
es mögen finden die verdiente Ruhestätte
unter den Flügeln deiner Gegenwart,
in den Höhen der Gerechten und Heiligen,
strahlend wie des Himmels Glanz
all die Seelen der sechs Millionen Juden,
der Opfer der Shoah in Europa,
ermordet, geschlachtet,
verbrannt, umgekommen in Heiligung deines Namens;
durch die Hände der deutschen Mörder und ihrer Helfer
  aus den übrigen Völkern,
in Auschwitz, Treblinka, Majdanek, Mauthausen
und anderen Vernichtungslagern in Europa.

Siehe, die ganze Gemeinde betet dafür, dass ihre Seelen
  aufsteigen mögen,
so berge sie doch du, Herr des Erbarmens,
im Schutze deiner Flügel in Ewigkeit
und füge ihre Seelen ein in das Band des ewigen Lebens.

Gott sei ihr Erbteil,
und im Garten Eden ihre Ruhestätte,
und sie mögen ruhen an ihrer Lagerstatt in Frieden.
Und sie mögen auferstehen zu ihrer Bestimmung am
  Ende der Tage.

(Hebr. Text in: www.gelsenzentrum.de/opfer.htm)

Gebet für die Märtyrer heute

„Gloria Dei vivens homo – Die Ehre Gottes ist der lebendige Mensch!" Mit diesem Satz hat bereits Irenäus von Lyon jene verfolgten Christen verteidigt, die, um mit dem Leben davonzukommen, ihrem Glauben abgeschworen hatten. Nicht das formale und abstrakte Bekenntnis zu einer dogmatischen Wahrheit ist die

I. Die jüdisch-christliche Tradition

Grundlage für das Martyrium im christlichen Sinne. Lebenshingabe im jesuanischen Geist ist vielmehr die Konsequenz einer Praxis für Solidarität und Gerechtigkeit, für das Leben der Armen, die sich an der Reich-Gottes-Hoffnung orientiert. Der Satz des Irenäus bekommt damit einen neuen Sinn: Gott die Ehre zu geben heißt, das bedrohte Leben zu verteidigen. In diesem Sinne war und ist heute vor allen die Kirche Lateinamerikas eine Kirche der Märtyrer. In allen Volksschichten sind sie zu finden: von einfachen Landarbeitergewerkschaftern und von schlichten Mitgliedern von Basisgemeinden über Ordensleute und Priester bis hin zu Bischöfen. Sie haben sich für das Überleben von bedrohten Indiogemeinden, für landlose Bauern, für von Folter und Gewalt bedrohte Arme eingesetzt und dabei riskiert, das eigene Leben zu verlieren. Nicht nur ein Erzbischof Romero († 1980), nicht nur die sechs Jesuiten an der Universität von San Salvador und ihre beiden Hausangestellten († 1989), sondern viele hier wenig bekannte Menschen sind es, deren unspektakulärer, aber konsequenter Einsatz für die Lebensrechte anderer mit Machtinteressen in Konflikt geriet. Einer von denen, die wegen ihres konsequenten Engagements für Arme, Kleinbauern, Landlose und Indios ständiger Bedrohung ausgesetzt sind, ist der brasilianische Bischof, Poet und Mystiker Pedro Casaldáliga. In Barcelona geboren, schloss er sich bald dem Claretinerorden an und kam als Missionar nach Brasilien. Bald schon wurde er zu einem der ersten Vertreter einer „Theologie der Befreiung". Anfang der Siebzigerjahre wurde er zum Bischof von São Feliz do Araguaia geweiht. Auf der Einladungskarte zu seiner Bischofsweihe stand folgender Text, der programmatische Bedeutung für sein Wirken als Bischof hat:

„Deine Mitra sei ein Strohhut der Bauern des Sertão[12],
die Sonne und der Mondschein,
der Regen und das Blau des Himmels,
die Augen der Armen, die dich begleiten auf dem Weg,
und der Blick deines Herrn Jesus Christus.
Dein Hirtenstab sei die Wahrheit des Evangeliums
und das Vertrauen deiner Gemeinde.
Dein Ring sei die Treue zu dem Neuen Bund Gottes, des Befreiers,
und die Treue zu den Menschen dieser Erde.
Kein anderes Wappen sei dein eigen als die Kraft der Hoffnung
und die Freiheit der Kinder Gottes,
und keine anderen Handschuhe
sollen deine Hände bedecken als die Liebe zum Nächsten."

(Cabestrero 1981, 136)

Mit seinem Einsatz vor allem für landlose Kleinbauern setzte er mehrfach sein Leben aufs Spiel. Nicht zuletzt vor diesem persönlichen Hintergrund hat der Verfasser geistlicher Lyrik das folgende Gebet für die Märtyrer Lateinamerikas formuliert.

Gott des Lebens und der Liebe, heilige Dreifaltigkeit:
In geschwisterlicher Verbundenheit mit den Märtyrern
der Geschichte unseres Amerika
loben wir dich und sagen dir Dank
für die Kraft, die du ihnen ins Herz gegeben hast,
damit sie Leben und Tod hingeben konnten
für das Leben, in Liebe.

---

[12] Sehr trockene und arme Region im Nordosten Brasiliens.

I. Die jüdisch-christliche Tradition

Wie Jesus waren sie treu bis ans Ende
und gaben den größten Beweis für ihre Liebe
für ihn und mit ihm,
sie besiegten die Sünde, die Sklaverei, den Tod
und leben verherrlicht, als österliches Lamm.
Gieß auch in uns deinen Geist aus,
den Geist der Einheit, der Kraft und der Freude,
auf dass wir unser Leben ganz hingeben
für dein Reich.

Durch diese vielen Brüder und Schwestern,
Zeugen der Auferstehung,
durch Maria, die Mutter der gläubigen Zeugenschaft,
durch Jesus Christus,
gekreuzigt und auferstanden,
den Sieger über den Tod.

Amen, Axé, Aware, Alleluja.

(aus: Concilium 3/38 [Juli 2002], 363)

II. DER ISLAM

Die intensive Gebetspraxis der Muslime ist auch für Außenstehende ein deutlich hervortretendes und beeindruckendes Kennzeichen des Islam. Tatsächlich zählt das verpflichtende Gebet (*salat*) neben dem öffentlichen Bekenntnis des Glaubens, dem Almosengeben, dem Fasten und der Pilgerfahrt nach Mekka mindestens einmal im Leben zu den fünf „Säulen" des Islam. Die fünf verpflichtenden täglichen Gebetszeiten haben sich vermutlich erst einige Zeit nach der Abfassung des Korans herausgebildet, bestimmte Koranverse werden jedoch heute in diesem Sinne ausgelegt, so etwa die Gebetsvorschrift des Muhammad im Koran:

„Verrichte das Gebet bei Sonnenuntergang bis zum Dunkel der Nacht, und auch das Gebet bei Tagesanbruch; denn das Gebet bei Tagesanbruch wird bezeugt. Und wache auch einen Teil der Nacht; das dient dir als Überschuss der Frömmigkeit; vielleicht erweckt dich dein Herr zu hohem Rang. Und sprich: ‚Mein Herr, lass meinen Eingang und meinen Ausgang gerecht sein, und gewähre mir deine helfende Machtvollkommenheit.' Und sprich: ‚Die Wahrheit ist gekommen, und das Nichtige verschwindet; sicherlich vergeht das Nichtige.'"

(Sure XVII, 80 – 83, zit. nach: Eliade 1981, 225)

Im täglich praktizierten Pflichtgebet fühlen sich die Muslime auf der ganzen Welt solidarisch verbunden, da hier immer exakt derselbe Wortlaut mit den entsprechenden Körperhaltungen (Verbeugungen,

II. Der Islam

Prostration, das heißt das Berühren des Bodens mit der Stirn) einzuhalten ist. Reinheitsvorschriften, das heißt bestimmte rituelle Waschungen vor dem Gebet, erleichtern das Heraustreten aus dem Alltag und das Hintreten vor den Heiligen. Die Aufforderung zum Gebet erfolgt durch den Ruf des Muezzin, in dem bereits die Grundhaltung des gläubigen Muslim zum Ausdruck kommt. Dieser Gebetsruf sei deshalb hier in seinem vollen Wortlaut wiedergegeben:

„Gott ist größer. Gott ist größer. Gott ist größer. Gott ist größer.
Ich bezeuge, es gibt keinen Gott außer Gott.
Ich bezeuge, es gibt keinen Gott außer Gott.
Ich bezeuge, Muhammad ist der Gesandte Gottes.
Ich bezeuge, Muhammad ist der Gesandte Gottes.
Auf zum Gebet! Auf zum Gebet! Auf zum Wohlergehen!
Auf zum Wohlergehen!
[Beim Morgengebet wird eingefügt: Gott ist besser als der Schlaf.]
Gott ist größer. Gott ist größer.
Es gibt keinen Gott außer Gott."

(zit. nach: Khoury 1981, 13)

Die gläubige Unterwerfung (das ist die wörtliche Bedeutung von „Islam") unter den *einzigen, transzendenten und souveränen Gott* ist der zentrale Inhalt der islamischen Gebetspraxis. Zur rituell korrekten Verrichtung des Pflichtgebetes gehört die Ausrichtung des Betenden nach Mekka, die in den Moscheen durch eine besondere Nische angezeigt wird. Einen besonderen Stellenwert hat das Freitagsgebet. Ihm geht eine Ansprache voraus, die Themen aufgreift, welche die Gemeinschaft betreffen, also nicht unbedingt im engeren Sinne religiöse Themen. Besondere Gebetsrituale sind mit den zentralen Festen, wie dem Fastenbrechen nach dem Fastenmonat Ramadan oder dem Opferfest, aber auch mit besonderen Anlässen, wie einem Begräbnis oder besonderen Notzeiten, verbunden.

Der fromme Muslim verrichtet jedoch nicht nur das verpflichtende Gebet, sondern ist auch darüber hinaus aufgefordert, sich betend an Gott zu wenden. Dieses freiwillige Gebet lehnt sich oftmals an das Pflichtgebet an und hat Verse des Koran zum Zentrum, es kann sich aber auch davon völlig lösen.

Seit früher Zeit (etwa dem 9. Jh.) hat sich innerhalb des Islam eine wirkmächtige und überaus reichhaltige mystische Tradition herausgebildet, der sogenannte Sufismus. Ihm verdanken wir einen wahren Schatz an literarischen Texten und Gebeten. Dass sich eine solche mystische Tradition auf dem Boden des Islam entwickeln konnte, ist allerdings überaus erstaunlich, betont doch der Islam gerade die trennende Kluft zwischen Mensch und Gott, was mit eher aus dem Neuplatonismus herrührenden Vorstellungen einer Vereinigung mit dem Göttlichen kaum zu vereinbaren ist. Im Koran finden sich zudem kaum Verse, die zu einem weltabgewandten, asketischen Leben, wie es die Sufis vielfach führten, ermutigen könnten. Das Streben nach einem Erleben des Göttlichen und nach der Vereinigung mit ihm scheint jedoch ein Grundzug aller Religion zu sein. Über die Entstehung der islamischen Mystik wird viel spekuliert (vgl. dazu vor allem Stölting 2000). Es weist einiges auf einen maßgeblichen Einfluss des christlichen Mönchtums hin. Jedenfalls ist der Sufismus innerhalb des Islam kein elitäres Phänomen, sondern hat durchaus die Volksfrömmigkeit geprägt. Die folgende kleine Auswahl islamischer Gebete hat den Sufismus deshalb besonders berücksichtigt.

II. Der Islam

Aus dem Koran

Das „Vaterunser" des Islam

*Im Namen Gottes, des Barmherzigen, des Erbarmers!
Preis sei Gott, dem Herrn der Welten! Dem Barmherzigen,
dem Erbarmer! Dem Herrscher am Tag des Gerichts! Dich
verehren wir, und dich rufen wir um Hilfe an! Führe uns
den geraden Weg, den Weg derer, denen du gnädig bist,
denen du nicht zürnst und die nicht in die Irre gehen!
(Sure 1)*

*Ich nehme meine Zuflucht zu dem Herrn des Morgen-
  grauens,
vor dem Übel dessen, was er erschaffen hat,
und vor dem Übel der Nacht, wenn sie naht,
und vor dem Übel der Zauberinnen,
und vor dem Übel des Neiders, wenn er neidet.
(Sure 114)*

*Ich nehme meine Zuflucht zu dem Herrn der
  Menschen,
dem König der Menschen,
dem Gott der Menschen –
vor dem Übel des Einflüsterers, des Fliehenden,
der da einflüstert in die Brüste der Menschen,
vor den Geistern und den Menschen. (Sure 114)*

(Übers. in Anlehnung an: Grigull o.J.)

Ein islamisches Glaubensbekenntnis

*So sprich: Wir glauben an Allah und an das, was uns
von oben herabgeschickt wurde, was dem Abraham und
Ismael, dem Isaak und Jakob und den Stämmen herabgeschickt wurde, und was dem Mose und dem Jesus und
den Propheten von ihrem Herren gegeben wurde; wir*

*machen keinen Unterschied zwischen ihnen, und Allah
sind wir alle ergeben.
Wer nach einer anderen Religion als dem Islam verlangt
– es sei fern von ihm, sie anzunehmen –, der wird in der
jenseitigen Welt zu denen gehören, die verloren sind.
Wie soll denn Allah ein Volk führen, das vom Glauben ab-
gefallen ist, nachdem es bereits geglaubt hat und Zeugnis
davon gegeben hat, dass der Gesandte wahrhaftig ist und
nachdem es deutliche Zeichen erhalten hat? Allah jedoch
leitet kein Volk von Frevlern.
Das erhalten sie als Lohn: dass Allahs Fluch und der
Fluch der Engel und Menschen auf ihnen lasten soll.
Darin bleiben sie ewig; die Strafe wird ihnen nicht gemil-
dert und es wird ihnen kein Aufschub gewährt.
Aber für alle, die bereuen und sich bessern, gilt: Allah
verzeiht und ist barmherzig.*

(Sure 3,7–84; Übers. in Anlehnung an: Grigull o.J.)

Transzendenz und Immanenz Gottes

Der Koran betont die absolute Souveränität und Transzendenz Gottes. Dennoch finden sich darin auch Textabschnitte, die unter Benutzung von eindringlichen Bildern von einer tiefen Erfahrbarkeit und Erfahrung dieser Erhabenheit und Majestät Gottes handeln. Viel eher als die abstrakten Bekenntnisformeln haben solche Textpassagen deshalb die spätere islamische Frömmigkeit geprägt.

*Gott ist das Licht des Himmels und der Erde: Sein Licht
gleicht einer Nische mit einer Lampe darin. Die Lampe
ist in einem Glas. Das Glas sieht aus, als wäre es ein
funkelnder Stern. Die Lampe brennt durch ein Öl von
einem gesegneten Olivenbaum, der weder im Osten noch
im Westen steht. Sein Öl leuchtet bereits, wenn es noch*

II. Der Islam

nicht mit Feuer in Berührung gekommen ist. Licht über Licht! Gott führt zu seinem Licht, wen er will. Und Gott prägt für die Menschen Gleichnisse, und Gott weiß alles. Gott hat es erlaubt, dass solche Lampen in Gotteshäusern aufgestellt werden und dass darin seines Namens gedacht werde. Darin sind Menschen, die ihn morgens und abends verherrlichen, und die weder durch Handel noch durch Geschäftemacherei abgelenkt werden vom Gedenken Gottes, von der Verrichtung des Gebetes und vom Almosengeben. Sie fürchten einen Tag, an dem die Herzen und die Augen umgewendet werden. Sie handeln so, damit Gott sie belohnen möge für ihre besten Werke und dass er ihnen von seiner überströmenden Fülle umso mehr gebe. Und Gott gibt, wem er will, ohne es aufzurechnen.

Was die Ungläubigen angeht, so sind deren Werke wie die Luftspiegelungen auf einer Ebene, die der Dürstende für Wasser hält, bis er hingelangt und herausfindet, dass da gar nichts ist. Dort findet er tatsächlich Gott, und Gott bezahlt ihm seine Rechnung vollständig. Und Gott ist schnell darin, abzurechnen. Oder die Werke der Ungläubigen sind wie Schatten auf einem dunklen Meer, die von Wogen bedeckt sind, über denen sich Wogen türmen, und darüber Wolken: aufeinandergetürmte Schatten! Wenn der Mensch seine Hand hervorzieht, kann er sie kaum sehen. Und wem Gott kein Licht zuteilt, der hat kein Licht. Hast du nicht gesehen, wie all das, was im Himmel und auf Erden ist, Gott rühmt und wie die Vögel ihre Flügel ausbreiten? Und zwar ein jeder Einzelne. Er kennt ihr Gebet und ihren Lobpreis und Gott weiß um die Dinge, die sie tun.

(Sure 24,35–40; nach: Smart 21998, 289)

Die schönsten Namen Allahs

„Gott hat die schönsten Namen. Ruft ihn mit diesen Namen an! Lasst ab von denen, die seinen Namen zur Ketzerei missbrauchen. Ihnen wird das, was sie tun, vergolten werden!" So heißt es in der siebten Sure des Koran, „Die Höhen". Dahinter steht die Frage, wie man den Einen, den Transzendenten, der sich allen Begriffen oder gar bildhaften Vorstellungen entzieht, dessen Wirken und Sein man sich aber doch vergegenwärtigen will, anrufen kann. Ein Grundproblem eines jeden Glaubens an einen transzendenten Gott, über den Menschen nicht verfügen können und der sein Gottsein gerade darin erweist, dass er unser Verstandes- und Sprachvermögen übersteigt, scheint hier auf. Die Israeliten und Juden sind diesem Grundproblem mit ihrem strikten Bilderverbot – dem auch der Islam folgt: Die Moscheen kennen deshalb nur Ornamente als Schmuck – und mit der Weigerung, den Eigennamen Gottes auszusprechen, gerecht geworden. Auf dem Boden des Christentums hat sich – vor allem in neuplatonischer Tradition – die aphantische bzw. negative Theologie entwickelt, die davon ausgeht, dass man von Gott nur sagen könne, was er nicht ist, und dass jede affirmative, positive Behauptung über ihn sein Wesen letztlich verfehle. Andererseits beruft sich jede Offenbarungsreligion darauf, wie Gott sich selbst gezeigt und kundgetan hat. Von daher erschien es auch immer als legitim, positive Aussagen ins Unendliche zu steigern. Im Christentum war es das Vierte Laterankonzil, das den analogen Charakter jeder Rede von Gott herausstellte: Die Ähnlichkeit zwischen Schöpfer und Geschöpf begründet die Möglichkeit positiver Aussagen von Gott, doch diese Ähnlichkeit geht mit einer „je größeren Unähnlichkeit" einher. Im Koran werden die gläubigen Muslime aufgefordert, Gott mit jenen Namen zu bezeichnen, die auch im Koran enthalten sind, die also nach muslimischem Verständnis seiner Selbst-

II. Der Islam

offenbarung entspringen. Letztlich sind diese Namen Gottes Synonyme für den Einen und Variationen der Aussage, dass Allah der Einzige ist.

Al-Aziz: Der Herr der Ehre
Al-Muhaymen: Der Beherrscher
Al-Mo'men: Der Bewacher
As-Salam: Der Friede
Al-Qddus: Der Heilige
Al-Malik: Der König
Ar-Rahim: Der Barmherzigste
Ar-Rahma: Der Gnädigste
Al-Wahab: Der Verleiher
Al-Quahhar: Der Bezwinger
Al-Ghaffar: Der Allverzeihende
Al-Musawwir: Der Gestaltende
Al-Bari': Der Entwickler
Al-Khaliq: Der Schöpfer
Al-Mutakkab-Bir: Der Stolze
Al-Dschabba: Der Unterwerfer
Al-Muizz: Der Verherrlicher
Ar-Rafi': Der Erhöher
Al-Chaafid: Der Erniedriger
Al-Basit: Der Freigeber
Al-Qabid: Der Zurückhalter
Al-Aliem: Der Allwissende
Al-Fattah: Der Enthüller
Ar-Rasaq: Der Versorger
Al-Haliem: Der Nachsichtige
Al-Kabier: Der Kundige
Al-Latief: Der Zuvorkommende
Al-Adl: Der Gerechte
Al-Hakam: Der Richter
Al-Basir: Der Allsehende
Al-Samia': Der Allhörende
Al-Musil: Der Demütigende
Al-Hasieb: Der genau Berechnende

AUS DEM KORAN

Al-Muqiet: Der alles Überwachende
Al-Hafieth: Der Erhalter
Al-Kabier: Der Große
Al-Ale'i: Der Erhabene
Asch-Schakur: Der Dankbare
Al-Ghafur: Der stets Verzeihende
Al-Athiei: Der Erhabene
Al-Hakiem: Der Allweise
Al-Wasia': Der alles Umfassende
Al-Mudschieb: Der Erhörer
Al-Raqieb: Der Wachsame
Al-Kariem: Der Großzügige
Al-Dschalii: Der Majestätische
Al-Wakil: Der Vertrauenswürdige
Al-Haq: Der Wahrhaftige
Al-Shahied: Der Zeuge
Al-Ba'ith: Der Erwecker
Al-Madschied: Der Ruhmvolle
Al-Wadu: Der Liebevolle
Al-Moh'jie: Der Lebensspender
Al-Mo'ied: Der Wiederentwickler
Al-Mubdi': Der Urheber
Al-Muh'si: Der alles Aufzeichnende
Al-Hamied: Der Preiswürdige
Al-Wale'i: Der Schutzherr
Al-Matin: Der Feste
Al-Qawe: Der All-Stärkste
Al-Qader: Der Fähige
As-Samad: Der Unabhängige
Al-Wahid: Der Einzigartige
Al-Madschid: Der Ruhmvolle
Al-Wadschid: Der Former
Al-Qajoum: Der Vorherrschende
Al-Ha'i: Der Lebendige
Al-Mumie: Der Vernichter
Al-Waali: Der Herrscher
Al-Baatin: Der Verborgene
Al-Sahir: Der Offenbare

II. Der Islam

Al-Aachir: Der Letzte
Al-Aual: Der Erste
Al-Mu'achir: Der Aufschieber
Al-Muqaddim: Der Hervorheber
Al-Muqtadi: Der Allgewaltige
Malik al Mulk: Der Herr des Thrones
Al-Ra'uf: Der Feinfühlige
Al-Afu': Der Vergeber
Al-Muntaqim: Der gerechte Vergelter
Al-Tawwab: Der Allvergebende
Al-Barr: Der Wohltätige
Al-Muta'a: Der über allem Stehende
Al-Daar: Der Schadende
Al-Mani'a: Der Verhüter
Al-Mughni: Der Bereichernde
Al-Ghaniy': Der Reiche
Al-Dschamia': Der Versammler
Al-Muq'sit: Der Gerechte
Zul-Dschalali wal ikram: Der Herr von Ruhm und Großzügigkeit
As-Sabur: Der Geduldige
Al-Raschied: Der Weise
Al-Warith: Der Erbe
Al-Baqi: Der ewig Bleibende
Al-Badi'a: Der Herr der Herrlichkeit
Al-Hadi: Der Führer
An-Nur: Das Licht
Al-Nafi'a: Der Wohltäter

(aus: www.way-to-allah.com/dokument/AllahNamen.pdf)

Bei einem Begräbnis

O Gott, er ist dein Diener, Sohn deines Dieners und Sohn deiner Magd. Du hast ihn erschaffen und ihm das gegeben, was er zum Leben braucht. Du hast ihn sterben lassen und du wirst ihn wieder zum Leben erwecken. Du kennst seine Werke: die, die offen zutage liegen, und die verborgenen. Wir treten vor dich als Fürsprecher für ihn und haben Fürsprache für ihn gehalten.

(aus: Ma' Allah o.J., 21)

Rabi'a von Basra und die reine Gottesliebe

Es mag angesichts der patriarchalischen Züge der damaligen Gesellschaft und Religionen erstaunen, dass eine der größten islamischen Sufis eine Frau war! Rabi'a von Basra ist keineswegs die einzige fromme Frau, die in der islamischen Tradition Verehrung genießt, mit Sicherheit aber die populärste. Das bezeugt schon die reiche Legendenbildung rund um sie, die es nicht leicht macht, dahinter ihre authentische Biografie zu entdecken. Rabi'a wurde vermutlich im Jahr 731 in einer armen Familie geboren, als Sklavin verkauft und der Legende nach wegen ihrer außergewöhnlichen Frömmigkeit von ihrem Herrn freigelassen. Danach führte sie ein asketisches, eheloses (für die damalige islamische Gesellschaft höchst ungewöhnlich!) Leben, zunächst als Eremitin in der Wüste, dann in der Stadt Basra, wo sie auch einen Schülerkreis um sich versammelte. Sie selbst hinterließ keine eigenen Schriften, doch ihre Gebete und Sprüche wurden von Anfang an gesammelt und überliefert. Im Zentrum ihrer Verkündigung steht die reine, selbst- und interesselose Gottesliebe allein um seiner selbst willen! In einer der zahlreichen Legenden um sie wird dies ausgeschmückt: Sie soll mit einer Fackel in der einen Hand und mit einem Eimer Wasser in der anderen Hand durch die Straßen gelaufen sein. Danach gefragt, antwortete sie, sie wolle das Paradies verbrennen und das Feuer der Hölle löschen, damit Gott weder um des Paradieses willen noch aus Angst vor der Hölle, sondern lediglich um seiner selbst willen geliebt werde.¹³ Das erste hier wiedergegebene Gebet bildet wohl den historischen Kern dieser ausschmückenden Erzählung. Die in der christlichen Tradition bewanderten Leser werden durch dieses Gebet unmittelbar an Teresa von Avilas berühmtes Wort *Dios solo basta, Gott allein genügt*, erinnert. Dorothee Sölle weist darauf hin, dass sich bis heute Musliminnen, die sich zugleich als Feministinnen verstehen, wie etwa die aus Bangladesh stammende Menschenrechtsaktivistin Sartaz Aziz, im Sinne einer nicht-patriarchalischen Spiritualität auf Rabi'a von Basra berufen (vgl. Sölle 1999, 56).

Du bist mir vollauf genug

Gott, was immer du mir von der Welt geben willst: Gib es deinen Feinden!
Und was du mir im Himmel geben willst: Gib es deinen Freunden!
Denn du selbst bist mir vollauf genug.
Gott, sollte ich dich aus Angst vor der Hölle anbeten, dann lass mich in deiner Hölle verbrennen!
Und sollte ich dich um deines Paradieses willen anbeten, dann verriegle mir die Tür zu diesem Paradies!
Aber wenn ich dich ausschließlich nur um deiner selbst willen anbete,
dann verweigere mir nicht, dein Angesicht zu schauen!

(nach: Upton 2004, 45)

---

[13] Diese Legende hat sich offensichtlich zu einer immer wieder neu erzählten, unterschiedlichen Personen zugeschriebenen Wanderlegende verselbstständigt. So wird etwa noch im 13. Jahrhundert die Episode erzählt, dass in Damaskus dem Dominikaner Yves le Breton eine Frau mit einer Fackel und einem Wassereimer begegnet sei und dieselbe Auskunft gab wie Rabi'a. Vgl. dazu Clévenot 1985, 220.

Zwei Lieben

Mit zwei Lieben habe ich dich geliebt: mit einer egoistischen Liebe, und mit einer Liebe, die dir angemessen ist.
In der Liebe, in der ich mich selbst suche, habe ich nur dich im Sinn und schließe andere aus.
In der Liebe, die dir entspricht, entfernst du den Schleier, sodass ich sehen kann.

Aber nicht mir gebührt Lob in dieser Liebe oder jener, sondern in dieser Liebe oder jener gilt das Lob nur dir.

(nach: O'Brien o.J., 103)

„Ich bin die schöpferische Wahrheit!" – Der Sufi Hussain Mansur Al-Halladj

Al-Halladj, von Beruf Schafwollkrempler (das ist auch die Übersetzung seines Namens), ist ohne Zweifel einer der größten, zugleich aber auch einer der umstrittensten Mystiker des Islam. Er wurde der Überlieferung zufolge im Jahr 858 in der persischen Provinz Fars geboren und ließ sich zwanzig Jahre lang von bedeutenden Sufi-Meistern in al-Jounayd unterweisen. Mit vierzig Jahren führt er zusammen mit einer Handvoll Schülern ein asketisches Wanderleben und verkündet die Erhabenheit der Liebe Gottes und die Notwendigkeit der Umkehr. Er findet bald großen Anklang beim einfachen Volk. Ihm werden zahlreiche Wundertaten zugeschrieben. Al-Halladj drückt sein Gottverhältnis in kühnen und rätselhaften paradoxen Sätzen aus. Der berühmteste davon ist sein gewagter Satz *ana l-haqq*, „Ich bin die schöpferische (bzw. absolute) Wahrheit". Solch kühne Identifikationen sind uns durchaus auch von Mystikern anderer Religionen und Weltregionen vertraut. Hinter solchen Aussagen verbirgt sich jedoch keineswegs eine blasphemische Hybris, sondern im Gegenteil: die Behauptung des Zunichtewerdens des eigenen Selbst, das nun dem Absoluten völlig Raum gibt. Der Mystiker der Gottesliebe gerät bald ins Räderwerk politischer Interessen. Wiederholt wird ihm der Prozess gemacht, dreizehn Jahre verbringt er in Gefangenschaft. Hintergrund war neben bestimmten politischen Parteinahmen (er setzt sich unter anderem für eine bessere Verwaltung und gerechtere Besteuerung ein) mit Sicherheit sein großer Rückhalt in der Bevölkerung. Aufschlussreich jedoch ist die dreifache Begründung seiner Schuld durch die islamischen Gelehrten. Erstens: Er wird öffentlicher Wundertaten bezichtigt; den Abschluss aller Wunder stelle jedoch die Offenbarung des Koran dar. Zweitens: Er behauptet, von Gott inspiriert zu sein, und stellt damit die Position des Imam in Frage, der allein für die Frömmigkeit der Gläubigen zuständig sei. Der dritte Vorwurf jedoch ist der aufschlussreichste. Er betrifft seine Verkündigung der Gottesliebe. Michel Clévenot kommentiert diesen Vorwurf folgendermaßen: „Liebe' ist im Islam keine traditionelle Bezeichnung für die Beziehung zwischen dem Schöpfer und seinen Geschöpfen. Obwohl die Sufis diesen Ausdruck oft benutzen (oder vielleicht gerade deswegen), macht er den Theologen Angst. Ihnen zufolge liebt Gott uns nicht: Er ist. Wir haben Gott nicht zu lieben, sondern ihn vielmehr anzubeten." (Clévenot 1985, 225)

Im Oktober 909 wird Al-Halladj auf brutale Weise gefoltert. Nach tausend Peitschenhieben schlägt man ihm Hände und Füße ab, bevor man ihn schließlich köpft. Sein Leichnam wird verbrannt und die Asche in den Tigris gestreut. Werk und Predigt dieses Märtyrers der Gottesliebe lebten jedoch weiter. Sogar in Goethes Westöstlichem Divan findet sich das Gedicht *Selige Sehnsucht* über diesen einzigartigen Zeugen islamischer Gottsuche.

Gebet vor Pilgern in Mekka

O du Führer derer, die außer sich geraten, ruhmreicher König, ich weiß, dass du alles Diesseitige übersteigst, ich erhebe dich über alles Lob derer, die dir „Ehre sei dir" zugerufen haben, ich erhebe dich über alle Definitionen derer, die dir gesagt haben „Es gibt keinen Gott außer dir", über alle Begriffe derer, die dich in Begriffe gefasst haben.
O mein Gott, du weißt, dass ich nicht imstande bin, dir jene Danksagung entgegenzubringen, die dir geziemt.
So komm denn in mich und sage dir in mir selbst Dank!
Dies ist die wahre Danksagung, eine andere gibt es nicht.

(nach: Clévenot 1985, 224)

Gebet vor der Hinrichtung

O mein Gott, ich werde nun in die Bleibe meiner Sehnsucht eingehen, um dort deine Wunder zu schauen!
O mein Gott, du zeigst deine Liebe selbst denen, die dir Schaden zufügen; wie könnte es dann sein, dass du deine Liebe nicht auch mir bezeugst, dem Schaden zugefügt wird in dir?

(nach: Clévenot 1985, 227)

Morgengebet des Al-Ghazâli

Das Spannungsverhältnis zwischen dem Gotterleben einzelner charismatischer Persönlichkeiten und der offiziellen, orthodoxen Glaubenslehre bzw. der institutionellen Verfasstheit einer Religionsgemeinschaft ist wohl eine Grundkonstante in allen Religionen. Im Islam ist das 10. Jahrhundert vom Versuch geprägt, die *tariqa*, den „mystischen Pfad", zu systematisieren,

II. Der Islam

zu kanalisieren, mit der Orthodoxie in Einklang zu bringen und damit in gewisser Weise zu zähmen. Es entstanden Hand- und Lehrbücher, und man unternahm den Versuch, die Ausbildung der Sufi-Mönche verbindlich zu regeln. Muhammad al-Ghazâli, ein islamischer Rechtsgelehrter von außerordentlichem Rang, spielte in diesem Vermittlungsprozess eine besonders bedeutsame Rolle. Der im Nordiran geborene Al-Ghazâli wurde von einem Sufi-Gelehrten unterrichtet und bald in Bagdad zum Professor für islamisches Recht berufen. Nach einem körperlichen und seelischen Zusammenbruch entschloss er sich zu einem Leben als umherziehender Derwisch-Mönch. Auf Befehl des Sultans nahm er nach etwa zehn Jahren wieder seine Lehrtätigkeit, diesmal an der Universität von Nischapur, auf. Al-Ghazâlis immenses Werk umfasst etwa vierhundert Schriften. Dabei erwies er sich durchweg als ein eher konservativer Mann der Vermittlung und Synthese. Bedeutend ist seine Auseinandersetzung mit den Philosophen, insbesondere Avicenna, vom Standpunkt einer islamischen Orthodoxie aus. Auch für die europäische mittelalterliche Philosophie ist er wirkungsgeschichtlich höchst bedeutsam. Seine Ablehnung, die Prinzipien der Vernunft, wie etwa das Kausalitätsgesetz, auch auf Gott anzuwenden, beeinflusste die Entwicklung des Nominalismus und einer daraus resultierenden erkenntniskritischen Position innerhalb der Philosophie. Den Sufismus suchte er in das ethische und rechtliche Denken des Islam zu integrieren. Natürlich haftet einem solchen Versuch stets die Ambivalenz zwischen Anerkennung und Domestizierung an. Für Al-Ghazâli jedenfalls darf gelten, dass sein theoretisches Bemühen von seiner eigenen unruhigen und echten Gottsuche getragen ist.

Das Lob sei Gott, der uns belebt hat, nachdem er uns sterben ließ, und zu dem wir auferweckt werden! Wir sind erwacht, und Allah gehört die Herrschaft und die Größe; die Macht, die Majestät und Stärke gehört Allah, dem Herrn der Welten. Wir beginnen den Tag mit dem Gefühl der Ergebung, mit dem Bekenntnis der Reinheit [des Glaubens], in der Religion Muhammads, unseres Propheten, und als Anhänger unseres Vaters Abraham, der ein Rechtgläubiger und Muslim, und kein Götzendiener war. O Gott, wir bitten dich, uns heute nur zu Gutem zu erwecken; ich nehme meine Zuflucht zu dir, dass ich heute nichts Böses begehe oder es einem Muslim zufüge. O Gott, mit dir beginnen wir den Tag und mit dir beendigen wir ihn, mit dir leben und mit dir sterben wir und zu dir werden wir erweckt. Wir bitten dich um das Gute dieses Tages, das er in sich birgt, und nehmen zu dir unsere Zuflucht vor dem Übel dieses Tages, das er in sich birgt.

(nach: Hell 1915, 81)

Dschelal-eddin Rumi: Trunken vor Liebe

Im 12. und 13. Jahrhundert entsteht in Persien eine sehr eigenwillige Variante des Sufismus, die ihren Ausdruck vor allem in mystischer Poesie findet. Im Gegensatz zur weltabgewandten Askese des älteren Sufismus vermischen sich hier religiöse und profane Gedanken in eigentümlicher Weise. Dahinter steht die dezidierte Auffassung, dass sich die mystische Gottesliebe stets in menschlicher Liebe vermittelt. Diese persische mystische Lyrik hat eine deutlich homoerotische Note. Junge („bartlose") Männer und Knaben werden besungen, wobei die Liebe zu ihnen durchweg als Symbol und Vehikel der Gottesliebe verstanden wurde. Einer der herausragenden Vertreter dieser mystischen Poesie ist Dschelal-eddin Rumi, auch Maulana („unser Meister") genannt. Auf ihn (bzw. auf seinen Sohn) wird auch der Sufi-Orden der Mewlewiten, der „tanzenden Derwische", zurückgeführt. Der im Iran Anfang des 13. Jahrhunderts geborene Rumi soll zunächst als Gelehrter gewirkt haben, bis er dem Sufi-Mystiker Shams bzw. Shamsuddin aus Täbriz begegnete. In der sufischen Tradition wird das Aufeinandertreffen dieser beiden Männer als „Begegnung zweier Ozeane" beschrieben. Die Liebe zu Gott, vermittelt durch seinen Geliebten Shams (dem später in dieser Rolle der Goldschmied Zarbuk und nach dessen Tod Rumis Schüler Chelebi nachfolgen sollten), wurde zu seiner Lebensbasis. Dass im Akt der liebenden Hingabe der menschliche Geliebte den göttlichen Geliebten vergegenwärtigt – dies ist der Hauptinhalt seines überaus umfangreichen dichterischen Schaffens. Im berühmten *Diwan des Shams aus Täbriz* lässt sich folgerichtig auch kaum unterscheiden, wann Rumi von Gott und wann er von seinem Geliebten spricht. Allein Rumis Werk *Mathnawi* („Die mystische Suche") umfasst 45.000 Verse und gilt als ein Kompendium sufischer Kultur. Besondere Erwähnung verdient auch sein *Rubaiyat*, der „Gesang über die Gottesliebe". Die erotisch aufgeladene Bildsprache Rumis ist in gewisser Weise mit dem Vokabular der spanischen Mystik einer Teresa von Avila und eines Johannes vom Kreuz zu vergleichen. Ein weiteres Charakteristikum Rumis ist seine überschäumende Ekstase, ja geradezu Verrücktheit, in der sich seine Gottesliebe unbändigen Ausdruck verschafft. Dieser *spiritus ebrius*, die Gotttrunkenheit, ist uns durchaus auch aus der christlichen Tradition geläufig und wird von Franziskus ebenso bezeugt wie von den spanischen Mystikern Teresa von Avila und Johannes vom Kreuz. Auch die russisch-orthodoxe Kirche kennt einen bestimmten Typus von Heiligen, die sie die „Gott-Verrückten" nannte (z.B. die heilige Xenia). Im *Rubaiyat* sagt Rumi selbst: „Heute bin ich nicht trunken, ich bin die Tausenden von Trunkenen der Erde. Ich bin verrückt und liebe die Verrückten heute." Das erinnert durchaus an das von Franz von Assisi überlieferte Bekenntnis: *Deus voluit quod ego es-*

sem novellus pazzus in huius mundi – Gott wollte, dass ich ein neuer Verrückter in dieser Welt sei.

Mystische Erfahrung sprengt jede gesellschaftliche Konvention und wird damit auch zur heilsamen Infragestellung und Relativierung der herrschenden Verhältnisse. Die Erfahrung des Absoluten lässt sich jedenfalls in kein wie immer geartetes Korsett zwängen. Und sie verlangt nach leibhaftigem Ausdruck. So ist es nur folgerichtig, dass auf Rumis Beerdigung die Menschenmenge stundenlang getanzt haben soll. Auf seinem Sarg stehen die berühmten Verse:

„Komm zu meinem Grab nicht ohne Trommel
Denn bei Gottes Fest ziemt sich kein Kummer
Ich bin Rausch, der Liebeswein mein Ursprung."

(zit. nach: Sölle 1999, 232)

Reiche mir die Hand

Komm, dass ich dich fasse, reiche mir die Hand!
Und dich nicht mehr lasse, reiche mir die Hand!
Sieh die Finsternisse, die auf Erden sind;
In der dunklen Gasse reiche mir die Hand!
Von des Schicksals Schlusse ward mir Tücke kund;
Am fahrvollen Passe reiche mir die Hand!
Deines Pilgers Reise ist bedroht vom Feind:
Wehre seinem Hasse, reiche mir die Hand!
Komm, dass ich sie presse an dies Herz, das brennt,
An dies Aug, das nasse, reiche mir die Hand!
Auf zu deinem Schlosse klimm ich, holder Mond;
Dass ich dir erblasse, reiche mir die Hand!

(Rückert o.J., 86 f)

II. Der Islam

Anbetung

Ich sah empor und sah in allen Räumen eines,
Hinab ins Meer, und sah in allen Wellenschäumen eines.
Ich sah ins Herz, es war ein Meer, ein Raum der Welten,
Voll tausend Träum'; ich sah in allen Träumen eines.
Du bist das Erste, Letzte, Äußre, Innre, Ganze;
Es strahlt dein Licht in allen Farbensäumen eines.
Du schaust von Ostens Grenze bis zur Grenz' im Westen,
Dir blüht das Laub an allen grünen Bäumen eines.
Vier widerspenst'ge Tiere ziehn den Weltenwagen;
Du zügelst sie, sie sind an deinen Zäumen eines.
Luft, Feuer, Erd' und Wasser sind in eins geschmolzen
In deiner Furcht, dass dir nicht wagt zu bäumen eines.
Der Herzen alles Lebens zwischen Erd' und Himmel,
Anbetung dir zu schlagen soll nicht säumen eines!

(Rückert o.J., 95)

Gottwerdung

Siehe, ich starb als Stein und stand als Pflanze auf,
Starb als Pflanz' und nahm drauf als Tier den Lauf.
Starb als Tier und ward ein Mensch. Was fürcht' ich dann,
Da durch Sterben ich nie minder werden kann?
Wieder, wenn ich werd' als Mensch gestorben sein,
Wird ein Engelsfittich mir erworben sein,
Und als Engel muss ich sein geopfert auch,
Werden, was ich nicht begreif', ein Gotteshauch.

(aus dem Mathnawi: Rückert 1966, 14)

Ich bin Du

Du, der Du Dschelal-eddin kennst, Du, oh Eines in Allem,
sag, wer ich bin: Sag: Ich bin Du.

(aus dem Diwan des Shams aus Täbriz, zit. nach: Boff 2010, 104)

Aus dem „Gesang über die Gottesliebe"

In diesem Frühling ist der Geliebte nicht bei mir.
Für mich gibt es keine Feste und keine Freude.
Man könnte sagen, dass der Garten keine Blüten mehr
  hat, sondern Dornen;
dass uns aus den Wolken statt des Regens Steine herabfallen. [...]

Deine Liebe gelangte bis zu meinem Herzen und ging
  glücklich wieder fort.
Sie zog das Kleid der Liebe an, doch wiederum ging sie
  fort.
Schüchtern bat ich sie, bei mir zu bleiben, wenigstens
  einige Tage.
Sie setzte sich zu mir und vergaß, wegzugehen.

(zit. nach: Boff 2010, 106 f)

Du einzige Sonne

Der Geliebte leuchtet wie die Sonne,
und der Verliebte tanzt wie ein Atom.
Wenn das Frühlingslüftchen der Liebe weht,
dann fängt jeder Zweig, der nicht dürr ist, zu tanzen
  an. [...]

Und Du bist nicht hier, die vielen Zerstreuungen taugen
  nichts.

Und da, wo du bist, wozu taugen sie da?
Du einzige Sonne, komm! Ohne Dich verwelken die Blumen, komm!
Ohne Dich ist die Welt nichts als Staub und Asche.
Dieses Festmahl, diese Freude, ohne Dich sind sie völlig leer, komm![...]

Es ist die Zeit der Liebe:
Der Geliebte durchläuft mich wie das Blut in den Adern und in der Haut.
Von mir bleibt nichts als ein Name,
alles, was bleibt, ist Er.

(zit. nach: Boff 2010, 106 f)

Ibn Ata Allah und die zuvorkommende Gnade Gottes

Ibn Ata Allah, von dem wir nur das Todesjahr (1309) exakt kennen, wurde in Alexandrien geboren, verbrachte den Großteil seines Lebens jedoch in Kairo. Er schloss sich dem Sufi-Orden Shadili an, der in ganz Nordafrika starke Verbreitung fand. Ibn Ata Allah unternahm es auch, die Lehre des Ordens darzulegen und die Biografie ihrer Gründer zu schreiben. Bedeutung kommt ihm aber vor allem deshalb zu, weil er die erste systematische Abhandlung über den *dikhr*, den „mystischen Pfad", verfasste. Die folgenden Auszüge aus seinem „mystischen Gespräch" enthalten u.a. zwei zentrale Denkmotive, die starke Berührungen mit der christlichen Tradition aufweisen: das der zuvorkommenden Liebe und Barmherzigkeit Gottes und die urprotestantische Überzeugung von der Rechtfertigung durch die Gnade allein (*sola gratia*) sowie der Vergeblichkeit, durch fromme Werke das Heil erwerben zu wollen.

IBN ATA ALLAH UND DIE ZUVORKOMMENDE GNADE GOTTES

Mein Gott, arm bin ich inmitten meines Reichtums.
Wie sollte ich da nicht arm sein in meiner Armut?
Mein Gott, nichts weiß ich bei all meinem Wissen.
Wie sollte ich da nicht unwissend sein in meiner Unwissenheit?

Mein Gott, du bist in deinem Regieren so wechselvoll und triffst deine Entscheidungen so schnell:
Das hält deine Knechte davon ab, in der Gnade sorglos zu werden und in der Prüfung zu verzweifeln.

Mein Gott, aus mir selbst stammt alles, was meinem Bösesein entspricht,
und von dir kommt alles, was deiner Großzügigkeit angemessen ist.
Mein Gott, du hast von dir selbst gesagt, dass du voller Gnade und Barmherzigkeit gegen mich bist, schon bevor meine Schwachheit offenbar wird.
Wirst du mir denn dann Gnade und Barmherzigkeit verweigern, wenn meine Schwachheit zutage liegt?

Mein Gott, auch meine guten Werke verdanke ich deiner Güte, ich stehe deshalb in deiner Schuld. Und meine bösen Werke gehen aus deiner Gerechtigkeit hervor, sie sind ein Beweis gegen mich.

Mein Gott, du bis doch der Anwalt meiner Sache, wie kannst du mich mir selbst anvertrauen?
Wer könnte mich unterdrücken, da ja du mein Beistand bist? Wer könnte mich enttäuschen, solange du für mich Sorge trägst?
[...]

Mein Gott, wie gnädig bist du zu mir trotz meiner großen Unwissenheit, und wie barmherzig trotz meiner schlechten Taten!
Mein Gott, wie bist du mir nahe, und wie fern bin ich von dir!

II. Der Islam

Wie barmherzig bist du mir gegenüber! Was trennt mich denn von dir?

Mein Gott, durch die Wechselhaftigkeit der Wirkungen und den Wechsel der Phasen wurde mir klar: Du willst dich mir in allen Dingen so zeigen, dass ich dich in keinem Ding übersehe. [...]

Mein Gott, wie viele Werke des Gehorsams habe ich aufeinandergetürmt, und wie viele ekstatische Zustände habe ich erreicht! Dass ich darauf mein Vertrauen gesetzt habe, das hat deine Gerechtigkeit zunichte gemacht, ja mehr noch:
Deine Gnade hat mich von all dem befreit!
Mein Gott, du weißt es: Auch wenn mein Gehorsam nicht immer seine volle Wirkung zeigt, so ist er dennoch da in Form von Liebe und Vorsatz.
[...]

Mein Gott, mein Elend liegt dir vor Augen, und dieser elende Zustand ist dir nicht verborgen.
Dich selbst bitte ich, dass du mich zu dir finden lässt, und meinen Weg zu dir suche ich durch dich.
Führe mich also zu dir in deinem Licht und gib, dass ich als aufrichtiger Diener vor dir stehe.
[...]

Was hat der gewonnen, der dich verloren hat, und was hat der verloren, der dich gewonnen hat?
Wie kann man denn seine Hoffnung auf einen anderen setzen als dich, da du nicht aufhörst, uns mit Gutem zu beschenken?
Wie kann man sich denn mit seinen Bitten an jemand anderen wenden als an dich, da du von deiner Gewohnheit nicht abgekommen bist, Gnade zu gewähren?
Du, der denen, die er liebt, seine süße Vertrautheit schmecken lässt: Sie standen vor ihm und bemühten sich, seine Gnade zu erlangen!

IBN ATA ALLAH UND DIE ZUVORKOMMENDE GNADE GOTTES

Du, der du denen, die du erwählt hast, die Kleider deiner Majestät anlegen ließest: Sie standen da und verlangten nach Kräftigung in seiner Kraft.
Du bist der, der unser vor jedem anderen gedenkt, du bist der, der bereits damit beginnt, Gnade zu gewähren, bevor die Knechte sich an dich wenden.
Du bist ein großzügiger Geber, der den Bitten der Bittenden zuvorkommt.
Du bist der, der uns zuerst beschenkt und dann das, was er uns geschenkt hat, wieder als Darlehen aufnimmt.
Mein Gott, mach dich auf die Suche nach mir in deinem Erbarmen, bis ich bei dir ankomme.
Und zieh mich durch deine Gnade an dich, bis ich dir entgegengehe!
Mein Gott, ich höre nicht auf, auf dich meine Hoffnung zu setzen, auch wenn ich mich als ungehorsam gegen dich erwies.
Ebenso weicht meine Furcht nicht von mir, selbst wenn ich dir gehorsam war.
Die Welten treiben mich dir zu, und da ich weiß, wie freigiebig du bist, verweile ich bei dir.
[...]
Du, der du dich verborgen hast in den Hallen deiner Macht und dich so den Blicken entziehst,
du, der du dich geoffenbart hast in der Fülle deiner Herrlichkeit, sodass diejenigen mit einem tiefen Herzen deine Größe erfasst haben!
Wie kannst du im Verborgenen bleiben, wo du doch sichtbar bist,
und wie kannst du abwesend sein, wo du doch der Anwesende bist, der bewacht?

(nach dem französischen Text in: Nwya 1972, 208–229)

III. RELIGIONEN OST- UND SÜDOSTASIENS

Die religiöse Welt dieser bevölkerungsreichsten Region der Erde ist in sich äußerst vielgestaltig. Hinter der Bezeichnung für eine Religion (etwa „Hinduismus", „Buddhismus" ...) können sich in Wahrheit höchst unterschiedliche Weltanschauungen und Praktiken verbergen. Allein für den Hinduismus etwa stellt Heike Michael fest: „Tatsächlich umfasst das, was man heute als Hinduismus bezeichnet, aber eine Vielzahl von religiösen Anschauungen und Kulten, die grundverschiedene Elemente wie Polytheismus und Monotheismus, Magie und Mystik enthalten." (Michael 2004, 134) Noch komplizierter stellt sich die Lage dar, wenn man etwa die große, aus dem Hinduismus hervorgegangene Reformbewegung, den Buddhismus, dazunimmt. Dennoch lassen sich innerhalb dieser oftmals verwirrenden Vielfalt einige Grundvorstellungen ausmachen, die quer durch die verschiedenen religiösen Strömungen von zentraler Bedeutung sind, so zum Beispiel die Erlösungsvorstellung als die einer Befreiung aus dem Kreislauf von Wiedergeburten, das zentrale Motiv der Überwindung des Leids etc. Was das Panorama noch verwirrender macht, ist die Tatsache, dass sich in vielen Religionen unterschiedliche religiöse Ideen überlagern und dass sie im praktischen Vollzug mit Elementen einer Volksreligion durchsetzt sind, die sich oftmals kaum mit den Grundüberzeugungen einer religiösen Lehre vereinbaren lassen. Und: Bestimmte religiöse Traditionen haben im Lauf ihrer Geschichte eine erstaunliche Entwicklung durchgemacht und Flexibilität an den Tag gelegt. Dies lässt sich insbesondere am Beispiel des Hinduismus aufzeigen. Eine archaisch anmutende polytheistische Götterwelt erfuhr eine radikale Uminterpretation. In den Strömungen des modernen

Hinduismus werden aus der unüberschaubaren Vielzahl der vedischen Götter Aspekte und Manifestationen des einen Absoluten. Seit dem 19. Jahrhundert hat sich der Hinduismus als anschlussfähig an monotheistische Religionen erwiesen und vor allem auch unter Beweis gestellt, wie sehr er imstande ist, Erkenntnisse der modernen Naturwissenschaften und andere Elemente der Moderne (etwa egalitäre Auffassungen von Gesellschaft) überzeugend zu integrieren.

Um die religiösen Traditionen des Fernen Ostens angemessen in den Blick zu nehmen, ist es für uns okzidental geprägte Menschen notwendig, uns von unserer theistischen Perspektive zu lösen, die das Absolute in Analogie zur menschlichen Person begreift. Ja, in manchen Fällen ist es durchaus zweifelhaft, ob man im engeren Sinne von „Religion" und nicht vielmehr von einer Erkenntnisphilosophie zu sprechen hat. Deshalb sind in diese Auswahl auch Texte integriert, denen die formalen Merkmale von Gebeten, wie sie uns geläufig sind (vor allem die Anrufung eines göttlichen personalen „Du"), fehlen. Dies spitzt sich noch zu, wenn nicht nur das Absolute nicht in der Form des Subjektes begriffen wird, sondern wenn sich auch das Subjekt des Menschen spekulativ auflöst. Kann jemand noch ein Beter sein, der sein eigenes Subjektsein als Illusion durchschaut?

Unsere westliche Perspektive in diesem Fall nicht zu verlassen würde bedeuten, die religiöse Vorstellungswelt auf unser okzidentales Maß herabzustutzen. Auch das Rezitieren des Lotos-Sutra etwa oder das meditative Betrachten des Urgrundes allen Seins im Taoismus kann mit Fug und Recht als Gebet angesehen werden.

Fernöstliche Religionen haben in den letzten Jahrzehnten auch im Westen einen lebhaften Zuspruch erfahren. Im Gegensatz zu den großen monotheistischen Religionen Judentum, Christentum und Islam lastet man ihnen keine vergleichbare Gewaltgeschichte an; sie stehen für Toleranz und ein überzeugendes Ethos universaler Mitmenschlichkeit. Nicht zuletzt wegen eines hohen Grades an Reflexivität und eines großen philosophischen Potenzials sind viele religiöse Traditionen des Fernen Ostens für von der westlichen Aufklärung geprägte Intellektuelle attraktiv.

An Brahma

Das hinduistische Götterpantheon ist unüberschaubar. Die alten Quellen weisen 33 Götter aus, doch letztlich konnten alle Dinge der Erscheinungswelt als Götter verehrt werden, und so sind wir hier letztlich mit Millionen von Göttern konfrontiert. Ebenso vielfältig sind die mythischen Erzählungen. Unter dieser Vielzahl von Göttern ragt jedoch die Trias Shiva, Vishnu und Brahma (sie bilden zusammen das *trimurti*) besonders heraus. Brahma löste Agni (das Feuer) in der Rolle des Standesgottes der Brahmanen ab und wurde zunächst als das personifizierte wirkmächtige Opferwort verstanden. Er wird schließlich zum Schöpfergott, zum „aus sich selbst Entstandenen". Nach und nach entwickelte sich im Hinduismus die Auffassung, dass die vielen mythischen Erzählungen und die Vielzahl von Göttern Manifestationen des einen göttlichen Wesens seien. Diese Vorstellung findet sich bereits im Rig-Veda. In den philosophischen Spekulationen der Upanishaden wird schließlich das gestalt- und eigenschaftslose, jenseits aller Beschreibung liegende Brahman, die Weltseele, bedeutsam. Die philosophischen Spekulationen gehen letztlich von der Identität der individuellen Einzelseele, *atman*, und Brahman aus.

Verehrung dir, dem dreigestaltigen Gott, dem Geist, der vor der Schöpfung allein war [...] Aus ihm stammt alles, was geht und was steht [...] Ursprung der Welt bist du, doch selber ohne Ende, Anfang der Welt und selber ohne

Anfang, Herr der Welt und selber ohne Herren [...] Du bist der Vater unter den Vätern, die Gottheit unter den Göttern, du bist höher als das Hohe, der Schöpfer unter den Schöpfern. Du bist Opfergabe und Opferer, Speise und ständig Speisender, Wissen und Wissender, Denker und höchster Gedanke.

(Hillebrandt 1921, 149 f)

Der Rig-Veda – Das heilige Wissen Indiens

Der Hinduismus ist keine einheitliche Religion, sondern eher ein Sammelbegriff für eine Vielzahl religiöser Vorstellungen: vom Polytheismus bis hin zu Monismus und Monotheismus. Dennoch gibt es einige Grundelemente, die sich durchhalten, wie etwa die Überzeugung von Wiedergeburt, Karma und der Erlösung aus dem Zyklus der Wiedergeburten. Zum Verbindenden aller hinduistischen Strömungen gehört darüber hinaus die Anerkennung der Autorität der sog. vedischen Schriften der in den Norden Indiens eingedrungenen Indoarier. Die älteste der vier vedischen Schriften ist der Rig-Veda, dessen älteste Textschichten wiederum bis in die Bronzezeit zurückreichen. Der Rig-Veda enthält vor allem Hymnen und Preislieder. Die meisten davon sind dem kriegerischen Gott Indra gewidmet. Uns mag heute das polytheistische Götterpantheon als reichlich archaisch vorkommen und befremden, jedenfalls für eine moderne Religiosität kaum Relevanz zu besitzen. Es ist jedoch bemerkenswert, wie sich die vedischen Schriften gerade im aufgeklärten Neohinduismus großer Wertschätzung erfreuen. Viele prominente Persönlichkeiten des Neohinduismus wie etwa Sri Aurobindo vertreten die Ansicht, dass die altindischen „Seher" (Rishis), auf die die Veden zurückgeführt werden, wohl an den volkstümlichen Polytheismus anknüpften, aber die bunte Vielgestaltigkeit des Götterpantheons lediglich als Manifestationen des transzendenten Einen, der einen Quelle des Seins, dachten. In diesen modernen Interpretationen ist allerdings nicht immer klar, in welcher Weise dieses dahinterliegende Eine gedacht wird: pantheistisch, monistisch oder theistisch. Die Deutung der Götterwelt in ihrer psychischen Funktion, ihre Interpretation als innerpsychische Aspekte, wurde vor allem in der Yoga-Tradition wirkmächtig. So behalten die uralten Texte der Veden auch für eine heutige Religiosität ihre Lebendigkeit und Kraft.

Beichte an den Gott Varuna

Der im folgenden Gebet angesprochene Varuna repräsentiert die kosmische Ordnung und nimmt in gewisser Weise die spätere Vorstellung des *dharma* vorweg. Varuna herrscht über die Himmel, insbesondere über den Nachthimmel. Die Sterne werden als seine unzähligen Augen aufgefasst. Er weiß alle Geheimnisse des Menschen und ist damit auch die moralische Instanz. Er ist es auch, der die Einhaltung von Versprechen, Gelübden und Verträgen überwacht und die Wahrheit in ihr Recht setzt. Die Erfahrung des eigenen Schuldigwerdens und eines übergreifenden Schuldzusammenhanges, das unauflösliche Dilemma unserer Freiheit, mit der wir uns über jeden bloß natürlichen Daseinsvollzug hinaus selbst entwerfen müssen, ist wohl eine der Grunderfahrungen, die aller Religion zugrunde liegt.

Erst durch deine Größe sind die Geschöpfe weise geworden, der die beiden Welten, obwohl sie so weit sind, auseinandergestemmt hat. Er hat hoch nach oben den Himmel gestoßen, doppelt dem Himmelsgestirn einen Anstoß gegeben, und er hat die Erde ausgebreitet.
Und ich gehe mit mir selbst darüber zu Rate: Wann werde

ich wohl dem Varuna nahekommen? Wird er frei von Groll sich meines Opfers freuen? Wann werde ich wohlgemut seine Gnade schauen?

Ich frage mich neugierig nach der Sünde, ich wende mich an die Kundigen, sie zu befragen. Auch die Weisen sagen mir ganz dasselbe: Dieser Varuna grollt dir.

Was war das größte Vergehen, Varuna, dass du deinen Freund, den Sänger, töten willst? Sage mir das an, du Untrüglicher, Eigenmächtiger! Ich möchte dem zuvorkommend von Sünde befreit unter Verbeugung dir Abbitte tun.

Erlass uns die väterlichen Sünden, erlass uns, was wir selbst getan. Lass, o König, den Vasishta[14] los, der gebunden ist wie ein Dieb, der Vieh stiehlt, lass ihn los wie das Kalb vom Strick.

Nicht ist die Verfehlung eigener Wille, o Varuna; es ist der Branntwein, der Zorn, der Würfel und Unverstand. Der Ältere ist an der Verfehlung des Jüngeren schuld. Selbst der Schlaf ist kein Ablenker des Unrechts.

Ich will dir dienstbar sein wie ein Knecht dem Lohnherrn, ich dem ungeduldigen Gott, von der Sündenschuld befreit. Gott der Herr unterwies die Unwissenden. Den Geschickten spornt der noch weisere Gott zum Reichtum an.

Dieses Loblied soll dir fein, du eigenmächtiger Varuna, recht ans Herz gelegt sein. Glück werde uns im Frieden, Glück auf der Kriegsfahrt! – Behütet ihr uns immerdar mit eurem Segen!

(Rig-Veda VII,86, nach: Michel 2008, Bd. I, 257 f)

„Mache mich unsterblich!" – Hymne an Soma

Soma stellt eine weitere wichtige Gottheit aus vedischer Zeit dar. Im späteren rituellen Vollzug spielte er

---

[14] Einer der sieben großen Rishis, also Weisen.

keine Rolle mehr. Soma war der Gott eines Trankes, über dessen Zusammensetzung viel spekuliert wird und der im Rahmen eines Ritus zubereitet und konsumiert wurde. Dieser Trank hatte eine psychedelische Wirkung und löste Visionen aus. Der folgende Gesang an Soma ist Ausdruck der Unsterblichkeitssehnsucht des Menschen – ein entscheidendes Moment in den meisten Religionen.

Wo das ewige Licht ist, in welche Welt die Sonne gesetzt ist, in diese versetze mich, du klar fließendes Soma, in die unsterbliche, unvergängliche Welt! Fließe, Soma, fließe um Indras willen.
Wo Vivasnants Sohn[15] *König ist, wo der verschlossene Ort des Himmels ist, wo jene jüngsten Gewässer sind, dort mache mich unsterblich! Fließe, Soma, fließe um Indras willen.*
Wo man nach Lust wandeln darf im dreifachen Firmament, im dreifachen Raum des Himmels, wo die lichtvollen Welten sind, dort mache mich unsterblich! Fließe, Soma, fließe um Indras willen.
Wo die Wünsche und Neigungen erfüllt werden, wo der Höhepunkt der Sonne ist, wo die Geisterspeise und Sättigung ist, dort mache mich unsterblich! Fließe, Soma, fließe um Indras willen!
Wo Wonnen, Freuden, Lüste und Belustigungen wohnen, wo die Wünsche des Wunsches erlangt werden, dort mache mich unsterblich! Fließe, Soma, fließe um Indras willen.

(Rig-Veda IX,113, nach: Michel 2008, Bd. II, 119 f)

---

[15] Yama, der erste Mensch und Herrscher im Totenreich.

III. RELIGIONEN OST- UND SÜDOSTASIENS

An Agni, den Feuergott

Agni ist jener Gott, der das Feuer repräsentiert, also ein zentrales Element des Opferritus. Er wird später durch Brahma, den Standesgott der Brahmanen, abgelöst. Agni stellt das irdische Feuer dar und ist damit die unterste Instanz einer Dreiheit von der Sonne als himmlischem Feuer (Surya) und dem Blitz oder atmosphärischem Feuer, für das der Kriegsgott Indra steht. Agni wird aber andererseits auch mit dem Feuer-Aspekt aller drei Ebenen identifiziert. Wie im modernen Hinduismus eine Gottheit letztlich als die innere Transzendenz einer äußeren Erscheinung interpretiert werden kann, zeigt Hermann van Lommel am Beispiel Agnis eindrucksvoll: „Mit der bloßen Übersetzung ‚Feuer' oder der Umschreibung ‚Feuergott' ist das Wesen dieses Gottes doch nur mangelhaft erfasst. Es ist die Lebensglut, der Lebensfunke, eine die ganze Welt durchdringende Gotteskraft, er ist das All-Leben im ganzen Naturbereich, insofern es als Wärme bergend und wärmeerzeugt erkannt wird. Von dem höchsten Ausgangspunkt aller Wärme, alles Lebens auf Erden, von der Sonne an bis herab zum Stein, in dem der Funke schlummert, überall sinnlich gegenwärtig und gegenständlich fassbar, aber keine sinnliche Erscheinung ist der Gott; er ist kein Naturgegenstand und keine Naturerscheinung, sondern er ist die nur dem Geist erfassbare Einheit in dem Allem."

(Lommel 1955,15)

Agni berufe ich als Bevollmächtigten, als Gott-Priester des Opfers, als Herbeirufer der Götter, der am meisten Lohn einbringt.
Agni war von den früheren Sehern und ist von den jüngeren zu berufen; er möge die Götter hierher fahren. [...]

*Dir, Agni, nahen wir Tag für Tag, du Dunkel-Erheller, mit
Andacht, Huldigung darbringend,
dem Walter der Opferhandlungen, dem Hüter des rechten
Brauches, dem leuchtenden, der im eigenen Haus heranwächst.
Sei du, Agni, uns zugänglich wie ein Vater dem Sohne!
Sei mit uns zum Heile!*

(Rig-Veda I,1, nach: Michel 2008, Bd. I, 1 f)

*Du, Agni, wirst mit Tagesanbruch geboren, du als Brennlustiger, du wirst aus dem Wasser, du aus dem Stein,
du aus den Bäumen, du aus den Pflanzen, du Herr der
Menschen, wirst rein geboren.
Dir, Agni, kommt das Amt des Herolds zu, dir das Amt des
Reinigers zu seiner Zeit, dir das Amt des Führers. Du bist
der Feuerspender des Frommen. Dir kommt das Amt des
Leiters zu, du wirkst als Opferpriester. Du bist sowohl der
Brahmane[16] als auch der Hausherr in unserem Hause.[...]*

*Zu dir, Agni, als ihrem Vater, kommen die Menschen mit
ihren Wünschen, zu dir, dem am Leibe Glänzenden mit
Opferdienst, auf dass du ihr Bruder seiest. Du bist der
Sohn dessen, der dir willfährig war; du schützest als liebreicher Freund vor Unbill.*

(Rig-Veda II,1, nach: Michel 2008, Bd. I, 275 f)

*Ein neues Lied will ich jetzt für Agni, den Falken des
Himmels, hervorbringen. Gewiss wird er uns Gutes erwirken.[...]*

*Alle Nächte und Morgen leuchte! Durch dich haben wir
ein gutes Feuer, du, wenn du uns zugetan bist, hast in
uns tüchtige Meister![...]*

---

[16] Der Priester, der die Opferhandlung überwacht.

*Agni wehrt die Unholde ab, der Unsterbliche mit heller
Flamme, der Reine, Lautere, Anzurufende.[...]*

*Agni! Bewahre uns vor Not, versenge du Gott mit deinen
glühendsten Flammen die Schädiger, der du nie al-
terst![...]*

*Schütze du uns vor Not, du Dunkel-Erheller, vor dem
Übelwollenden Tag und Nacht, du Untrügbarer!*

(Rig-Veda VII,15, nach: Michel 2008, Bd. I, 191 f)

An Krishna

Der Hinduismus kennt auch Avatars, das heißt Inkarnationen von Göttern. Eine der bedeutendsten dieser Inkarnationen ist Krishna, ursprünglich vermutlich ein Hirtengott, der später als eine Inkarnation des Gottes Vishnu galt. Die Bhagavad-Gita (wahrscheinlich um 300 v. Chr.) erzählt seine Legenden. In diesem „Preisgesang des Herrn" erklärt Krishna am Ende: „Diejenigen, die mich in vollkommener Weise verehren und mich meditieren, deren Gedanken ständig auf mich gerichtet sind, die werde ich bald aus dem Meer des Todes und der Wiedergeburten heraufholen." In später Zeit, das heißt etwa im 16. Jahrhundert, kam es zu einer intensiven Renaissance der Krishna-Verehrung. Insbesondere innerhalb der Mittelschicht entstand eine Frömmigkeitsbewegung, deren Praxis vor allem in der Anrufung des Namens Krishnas und der Bitte um sein göttliches Erbarmen bestand. Es handelte sich um eine sehr gefühlsbetonte innere Bindung an Krishna. Die Trennung von ihm bedeutete Schmerz. Durch seine Gnade würde man – so die Vorstellung – aus dem Zyklus der Wiedergeburten befreit und ginge in die Gemeinschaft mit Vishnu ein, von dem man ursprünglich auch hervorgegangen sei. In unserer Zeit erfuhr die

Hare-Krishna-Bewegung im Westen beachtliche Resonanz.

O Gott der Götter! Wie soll ich dich anreden, der du durch eigene Kraft und Wesenheit alle Elemente in dir vereinst, die Starken, den keine Macht übermächtigt! Du bist der Höchste, der Erschaffer des höchsten Brahma. Du bist der Urgeist, und von dir stammt das Ewige. Gegründet stehst du jenseits jeder Endlichkeit. Wie kann ich dein Lob preisen? Wie kann ich dessen Größe aussprechen, von dem Brahma, der Erzeuger, und Shiva, der Vollender, der Mond, die Sonne, die Winde, der Morgen- und Abendstern, alle Götter ausgehen, von dem diese ganze sichtbare Welt nur ein schwindender Funke ist, wie ein Staubkorn im unendlichen Raum, ein Teil, seine Wesenheit zu offenbaren, deren Art, sei sie rein in sich geschlossen oder in diese ganze Welt ausgebreitet, kein Gott und kein Brahma begreifen kann? Wie kann ich ihm danken, dem die Götter Blumen aus den himmlischen Hainen darbringen, vor dessen Gestaltungen Indra, der König der Götter, ohne ihn zu sehen, sich neigt? Den die Weisen, die ihre Stimme von allen äußeren Dingen abgewandt haben, in Gedanken verehren, indem sie sein Abbild im Herzen aufstellen und vor ihm die Blüte heiliger Andacht darbringen? Wie vermöchte ich es, dich würdig zu preisen? Deine eingeborene Güte kann einzig imstande sein, Mitleid mit mir zu fühlen [...] Kraftlos und ohne Groll sieh mich, o Ewiger, gebändigt zu deinen Füßen! Lass mir das Leben: Einzig will ich ferner nur dir dienen.

(Paul 1905, 9f)

Die Quintessenz der Weisheit

Während der Buddhismus in Indien mächtig an Einfluss gewann, behaupteten sich neben ihm auch alternative religiöse Traditionen. Eine davon ist der Jainismus. Der im 6. Jh. v. Chr. lebende Mahavira ist seine herausragende Gestalt (einer der „Furtbereiter", wie die religiösen Führer genannt werden), jedoch keineswegs sein Gründer. Die Entstehung des Jainismus kann vielmehr bereits im 8. Jahrhundert angenommen werden. Wie Buddha entsagte Mahavira der Welt und führte ein Leben als wandernder Mönch. Charakteristisch für diese Religion ist es, dass sie keinen Schöpferglauben kennt. Das Universum wird vielmehr insgesamt als eine umfassende Groß-Person angenommen. Das folgende „Gebet" hat deshalb auch nicht die Form der Anrede eines göttlichen „Du". Die vom Karma befreite Seele steigt schließlich zum höchsten Punkt des Universums auf, wo sie in Bewegungslosigkeit, frei von Leid und in Allwissenheit verharrt. Der zentrale Begriff des Jainismus ist neben *Satya* (Wahrhaftigkeit) und *Aparigraha* (Besitzlosigkeit) *Ahimsa*, das Prinzip, kein Lebewesen zu verletzen. Obwohl sich heute lediglich drei Millionen Menschen zum Jainismus bekennen, ist sein Einfluss nicht zu unterschätzen. Dies wird unter anderem an der Rezeption des Prinzips Ahimsa durch Gandhi deutlich (s. S. 149). Jainisten versuchen tatsächlich überaus sorgfältig, das Töten auch nur des kleinsten Lebewesens zu vermeiden, bearbeiten zum Beispiel den Boden mit äußerster Vorsicht, um keinen Wurm und kein Insekt zu verletzen. Selbstverständlich lehnen Jainisten das Kriegshandwerk ab, aber wegen des Prinzips, kein Lebewesen zu verletzen, ist es ihnen auch nicht möglich, in der Landwirtschaft zu arbeiten. Sie bilden deshalb heute eine recht wohlhabende Schicht von Künstlern und Händlern.

Für in der abendländischen Tradition verankerte Menschen mag – neben Franz von Assisi (s. S. 55 ff) – Albert Schweitzers Ethik der Ehrfurcht vor allem Leben eine Verstehensbrücke zu diesem radikal gelebten Prinzip der Ahimsa sein. Aus dem Christentum kommend, entwickelte Schweitzer eine sehr ähnliche

Haltung: „Ich bin Leben, das leben will, inmitten von Leben, das Leben will" (Schweitzer 1994, 73) lautete sein „kategorischer Imperativ". Und seine praktischen Konsequenzen daraus ähneln denen der Jainisten: „Halte deine Augen offen, damit du die Gelegenheit nicht versäumst, wo du Erlöser sein darfst! Geh nicht achtlos an dem armen Insekt, das ins Wasser gefallen ist, vorüber, sondern ahne, was es heißt: mit dem Wassertod ringen. Hilf ihm mit einem Haken oder einem Hölzchen heraus, und wenn es sich dann die Flügel putzt, so wisse, es ist dir etwas Wunderbares widerfahren: das Glück, Leben gerettet zu haben, im Auftrage und in der Machtvollkommenheit Gottes gehandelt zu haben." (Schweitzer 1986, 55)

Dies ist die Quintessenz der Weisheit: Nichts zu töten.
Wisse: Dies ist die rechte Schlussfolgerung aus dem Prinzip der Gegenseitigkeit im Hinblick auf das Nicht-Töten.
Er [der Weise; d. Verf.] sollte aufhören, Lebewesen zu verletzen, ob sie sich nun bewegen oder nicht, ob sie in der Höhe oder unten auf der Erde sind. Denn dies wurde das Nirwana genannt, dessen Wesen der Friede ist.
Als Herr seiner Sinne und als einer, der das Falsche vermeidet, sollte er niemandem Schaden zufügen: weder durch Gedanken noch durch Worte oder Handlungen.
Ein weiser Mann, der seine Sinne kontrolliert und über große Kenntnis verfügt, sollte solche Dinge annehmen, die ihm aus freien Stücken dargeboten werden und sich im Hinblick auf die Annahme von Almosen stets als umsichtig erweisen und davon Abstand nehmen, etwas anzunehmen, was ihm anzunehmen verboten ist.

(zit. nach: Smart ²1998, 70)

III. Religionen Ost- und Südostasiens

Das Unnennbare Eine: Tao

Das Tao Te King wird in der Überlieferung Lao Tse zugeschrieben, einem Weisen, der von etwa 551 bis 479 v. Chr. gelebt haben soll. Doch die meisten Fachleute meinen, dass es in Wirklichkeit eine Sammlung von Sprüchen aus der Überlieferung einer Vielzahl von Quellen ist. Der Text wurde vermutlich zwischen dem siebten und zweiten Jahrhundert v. Chr. verfasst. Der Taoismus ging aus der Welt- und Daseinsdeutung der unteren sozialen Schichten hervor und hat seine Wurzeln in einem naturnahen Schamanenglauben und dessen Bestreben, sich mit den Urkräften des Kosmos zu verbinden.

Tao meint den (weiblich aufgefassten) Urgrund des Kosmos, der alle Wesen erzeugt und nährt, ihnen Form und Gestalt verleiht und das gesamte Universum durchdringt. Es ist der Urquell, der alle Seinsformen miteinander verbindet, der aber selbst nicht ergründet und in Worte gefasst werden kann. Te ist die Gestalt und Macht von Tao; es ist die Art und Weise, wie sich das Tao zeigt; es ist das Tao, das sich in einer Form oder Kraft konkretisiert. Tao ist die transzendente Wirklichkeit, das „Umgreifende" (K. Jaspers); Te ist die immanente Wirklichkeit. King meint ein Buch oder ein klassisches Werk. Also meint Tao Te King wörtlich „Das klassische Buch der höchsten Wirklichkeit (Tao) und seiner vollkommenen Erscheinung (Te)", „Das Buch des Weges und seiner Kraft", „Das klassische Buch von Tao und seiner (moralischen) Kraft."

Sein Leben am göttlichen Urgrund zu orientieren bedeutet Geschehenlassen, Natürlichkeit, Spontaneität und Intuition. Angesichts des alles durchdringenden, ruhigen Geistes des Tao werden alle Dualitäten – Leben und Tod, Vergnügen und Schmerz, Hell und Dunkel – als künstlich und vorläufig betrachtet. Die Ethik, die einer solchen Haltung entspringt, lautet: keinem Menschen Schaden zufügen, Gewalt und Krieg vermeiden, absichtslose Güte verwirklichen. Viele haben später den subversiven Charakter des Taoismus betont, der davon ausgeht, dass sich von selbst, ohne gewaltsamen Umsturz, eine Umkehr der sozialen Verhältnisse vollziehen wird. Der einflussreichste Weise des Taoismus ist ohne Zweifel Tschuang-Tse (4. Jh. v. Chr.). Über sein Leben gibt es nur sehr spärliche Informationen, aber er hinterließ uns ein großartiges Buch, das in fantasievollen Beispielgeschichten, Fabeln etc. den Geist des Taoismus anschaulich macht. Die Geschichten zielen darauf ab, den Intellekt der Leser aus seiner Befangenheit zu lösen und das Denken in Unterscheidungen und Gegensätzen zu überwinden. Darin nimmt es vielfach den Zen-Buddhismus vorweg. Die Erzählungen des Tschuang-Tse wurden der westlichen Welt vom katholischen Mystiker und Trappistenmönch Thomas Merton erschlossen (vgl. Tschuang-Tse 2005).

Nach der Bibel ist das Tao Te King der am stärksten verbreitete Text der Welt. Es gibt unzählige Übersetzungen davon, einige eher wissenschaftliche und am Wortsinn orientierte, andere eher poetische. Das alte Chinesisch ist eine Begriffssprache. Deshalb ruft jedes Wort des Textes tatsächlich eine Menge Bilder ins Bewusstsein, die in vielfacher Weise übersetzt werden können. Es gelingt somit keiner Übersetzung, den gesamten Atem oder die Tiefe des Textes ganz zu erfassen. In gewissem Sinne ist jede Übersetzung eines solchen Textes eine Art der Interpretation, und keine liefert uns das vollständige Bild dessen, was darin ausgesagt wird.

Auch wenn es sich bei den Texten aus dem Tao Te King um keine klassische Gebetssprache (Anrufung eines transzendenten, personal verstandenen Wesens) handelt, da der Taoismus keinen Gottesglauben im theistischen Sinn voraussetzt, kann dieses meditative Sich-Einlassen auf den alles durchdringenden Urgrund des Kosmos in einem authentischen, nicht theistisch verengten Sinn als Gebet verstanden werden.

III. Religionen Ost- und Südostasiens

Schau, und es kann nicht gesehen werden.
Horch, und es kann nicht gehört werden.
Greife danach, und es kann nicht berührt werden.
Ins Einssein vermengt
entkommt es den Sinnen.
Von oben ist es nicht hell.
Von unten ist es nicht dunkel.
Wie ein durchgehender Faden, der nicht beschrieben werden kann,
kehrt es zur Leere zurück.
Formlose Form, die alle Formen in sich enthält,
Bild ohne Substanz,
fein, jenseits allen Begreifens.
Nähere dich dem, das jenseits der Anfänge liegt,
folge dem, das kein Ende hat.
Halte dich an das zeitlose Tao,
und bewege dich im Rhythmus des gegenwärtigen Augenblicks,
und du wirst den Ursprung im durchgehenden Faden des Tao erfassen.

(Tao Te King § 14, übersetzt nach: Hathaway/Boff 2009,218)

Es gab etwas, gestaltlos und vollkommen,
chaotisch und vollendet zugleich.
Es war da, noch vor Himmel und Erde.
Still, endlos, leer und einsam,
alles durchdringend, stets in Bewegung,
alles in seinem Dasein haltend, und dennoch nie erschöpft.
Es ist die Mutter des Kosmos.
Da ich keinen besseren Namen weiß,
nenne ich es das Tao.
Es fließt durch alle Dinge hindurch,
innen und außen,
und kehrt zurück zur Quelle von allem ...
Die Menschen folgen der Erde.

Das Unnennbare Eine: Tao

Der Himmel folgt dem Tao.
Das Tao folgt allein sich selbst.

(Tao Te King § 25, übersetzt nach Hathaway/Boff 2009, XXIII)

Wenn die Besten unter denen, die nach Weisheit streben,
    vom Tao hören,
dann geben sie sich sofort Mühe, es zu verwirklichen.
Wenn durchschnittliche Weisheitssucher vom Tao hören,
dann folgen sie ihm zuweilen, und zuweilen vergessen
    sie es wieder.
Wenn Weisheitssucher ohne Verstand vom Tao hören,
dann lachen sie lauthals.
Lachten sie nicht,
dann wäre es nicht das Tao.

Darum heißt es:
Der Weg im Licht erscheint dunkel,
der Pfad, der nach vorn führt, scheint rückwärts zu
    laufen,
der gerade Weg scheint krumm zu sein,
die größte Kraft erscheint schwach,
die echteste Reinheit scheint beschmutzt,
wahrer Überfluss scheint nicht genug zu sein,
auf echte Standhaftigkeit scheint kein Verlass zu sein.

Der weiteste Raum kann nicht ausgefüllt werden,
das größte Talent braucht lange, um zu reifen,
der höchste Ton ist schwer zu hören,
die vollkommene Gestalt kann nicht leibhaftig werden.

Das Tao ist nirgends zu finden.
Und doch ernährt es alle Dinge und führt sie ihrer Erfül-
    lung zu.

(Tao Te King § 41, übersetzt nach: Hathaway/Boff 2009, 1)

Abhängigkeit und der Mittlere Pfad

Der Buddhismus ist ohne Zweifel die wirkmächtigste Reformbewegung, die aus dem Hinduismus erwachsen ist. Ungeachtet der vielen buddhistischen Schulen und Strömungen, der besonderen regionalen Ausprägungen und der vielfachen Überlagerungen mit anderen religiösen Traditionen lässt sich ein Grundbestand der Lehre und Praxis des ursprünglichen Buddhismus festhalten. Der Ausgangspunkt dieser religiös-philosophischen Grundhaltung kommt in der Buddha-Legende selbst deutlich zum Ausdruck: Es sind die Beunruhigung durch die Tatsache, dass die menschliche Existenz und alles Leben von Leid geprägt ist, und die Frage nach der Überwindung dieser leidvollen Existenz. Die Einsicht in die Unbeständigkeit aller Realität und in die gegenseitige Abhängigkeit aller Dinge ist dabei zentral und liegt den „vier edlen Wahrheiten" als dem Kern der buddhistischen Lehre zugrunde: Da nichts im Universum von Bestand ist, ist auch keine Befriedigung von Dauer. Ihr Vergehen bereitet Schmerz. Die Ursache des Leids ist der Drang nach Existenz selbst. Diese Ursache kann jedoch beseitigt werden. Der „edle achtgliedrige Pfad", die fundamentale Ethik des Buddhismus, gibt hierfür die Richtung an. Zwischen radikaler Selbstabtötung und Ausschweifung weist Buddha hier den „mittleren Weg", der schließlich zu Einsicht, heiterer Loslösung und Eingehen ins Nirwana führt.

Die Vorstellung der Unbeständigkeit aller Realität und damit auch die Ablehnung einer dauerhaften individuellen Seele, das Konzept der universalen Verursachung, der Bedingtheit aller Erscheinungen und das Ziel eines unaufhebbaren letzten Zustandes sind Grundüberzeugungen des Buddhismus, die die Lehre vom Kreislauf der Wiedergeburten und vom Karma neu deuteten. Es ist bis heute eine Streitfrage, ob man den Buddhismus in seiner ursprünglichen Gestalt überhaupt als Religion bezeichnen kann und ob er nicht im Wesentlichen eine Erkenntnistheorie bzw. eine idealistische Metaphysik darstelle. In jedem Fall ist der ursprüngliche Buddhismus keine Religion in unserem okzidentalen theistischen Sinne. Ihm entspricht deshalb auch nicht das Gebet in der Form, wie es uns aus den bekannten monotheistischen Religionen vertraut ist. Seine Meditationspraxis besteht vielmehr in der Loslösung von den sinnlichen Eindrücken, in der „Achtsamkeit", das heißt der bewussten Beobachtung aller äußeren und inneren Vorgänge, in der stufenweisen Reinigung des Bewusstseins bis hin zu einer Art ruhiger Glückseligkeit. Erst in späterer Zeit kommt es zur Verehrung von Buddhas als himmlischen, transzendenten Wesen.

Vom Unwissen hängt das Karma ab;
vom Karma hängt das Bewusstsein ab;
vom Karma hängen Name und Gestalt ab;
von Name und Gestalt hängen die sechs Sinnesorgane ab;
von den sechs Sinnesorganen hängt die Berührung ab;
von der Berührung hängt die Empfindung ab;
von der Empfindung hängt das Begehren ab;
vom Begehren hängt das Anhangen ab;
vom Anhangen hängt die Existenz ab;
von der Existenz hängt die Geburt ab;
von der Geburt hängen Alter und Tod, Sorge, Klage, Elend, Trauer und Verzweiflung ab. Auf diese Weise entsteht diese ganze Anhäufung von Elend.
Doch beim völligen Verschwinden und Aufhören der Unwissenheit hört das Karma auf:
beim Aufhören des Karma hört das Bewusstsein auf;
beim Aufhören des Bewusstseins hören Name und Gestalt auf;
beim Aufhören von Name und Gestalt hören die sechs Sinnesorgane auf;

beim Aufhören der sechs Sinnesorgane hört die Berührung auf;
beim Aufhören der Berührung hört das Empfinden auf;
beim Aufhören des Empfindens hört das Begehren auf;
beim Aufhören des Begehrens hört das Anhangen auf;
beim Aufhören des Anhangens hört die Existenz auf;
beim Aufhören der Existenz hört die Geburt auf;
beim Aufhören der Geburt hören Alter und Tod, Sorge, Klage, Elend, Trauer und Verzweiflung auf: Auf diese Weise hat die gesamte Anhäufung von Elend ein Ende.

(nach: Smart [2]1998, 64)

Gebet zu Buddha

Insbesondere im Mahayana-Buddhismus wird aus dem historischen Gautama Buddha ein übermenschliches, transzendentes Wesen mit göttlichen Zügen (*lokkotara*), das doch in gewisser Weise gegenwärtig ist. Die diesbezüglichen Spekulationen sind äußerst kompliziert. Jedenfalls ist es nun möglich, Buddha im Gebet direkt anzurufen. Das folgende Gebet zu Buddha ist allerdings vollkommen von den ethischen Grundgedanken durchdrungen. Zentral für die buddhistische Ethik ist das Mitleid – ein wichtiger Anknüpfungspunkt für den interreligiösen Dialog. Der Gedanke des Mitleids kommt insbesondere im Bodhisatva-Ideal zum Ausdruck. Man verspürte das Spannungsverhältnis zwischen einer Praxis, der es vordergründig um die eigene Erlösung geht, und der Orientierung auf das Leid des anderen hin. Der Bodhisatva, das heißt der künftige Buddha, ist einer, der aus Mitleid seine eigene Erlösung so lange aufschiebt, bis alle erlöst sind. Die Fremderlösung tritt nun an die Stelle der Selbsterlösung. Neben den irdischen werden die transzendenten Bodhisatvas verehrt, deren bedeutendster der Bodhisatva Avalokiteshvara ist, der „Herr, der voller Mitleid herabblickt".

*Sei gnädig, o Herr der Götter, Herr der Welt, Sieghafter,
Buddha, der du verehrenswürdig bist in der Welt, der du
mir, der du den Guten verehrungswürdig bist, o Feind
der Sünde, Feind der Werdelust, Feind der Sinnenlust,
Feind des Dunkels [der Unwissenheit]! Dir fürwahr bin
ich ergeben mit Leib und Wort und Geist.
Der ist ein Sohn deiner Familie, der ist dir ergeben, der
trägt die Last deiner Lehre, der ist ein Jünger, dem bist
du Zuflucht, der ist dein Sklave, der nie und nimmer
abweicht von deinem Befehl.
Der Welt Gutes tun, o Buddha, heißt dir dienen, ihr Übles
tun, o Herr der Welt, heißt dir Qual bereiten. O Überwinder, wie sollte ich, wenn ich der Welt Übles täte, mich
nicht schämen zu sagen, dass ich deinen Lotosfüßen
ergeben bin?
Wo bleibt mein Mitleid, meine Mitfreude, meine Wesensliebe, wenn ich Übles und nicht Gutes tue der Welt, für deren Wohl du hundertfach dein Hab und Gut, deine Leute,
deine Macht, dein Leben, deinen Leib, deine Herrschaft
hingegeben hast?*

(Otto 1917; zit. nach: Merkel o.J., 94f)

Buddhistisches Gebet aus China

Für die Volksreligiosität erlangte die „Schule des Reinen Landes" besondere Bedeutung. Im Zentrum der Verehrung steht hierbei einer der transzendenten Buddhas, der Buddha Amitabha (jap.: Amida). Er gehört zu jenen Buddhas, die man verschiedenen Himmelsrichtungen zuordnet und die Herren über paradiesische Länder sind. Amitabha residiert im äußersten Westen und hat ein *Reines Land* voller Glanz und Freuden errichtet. Tiefe warme Flüsse und Bäume aus Edelsteinen gehören zu den diesbezüglichen paradiesischen Vorstellungen. Allein die Anrufung seines Namens garantiert es dem Gläubigen, dass er in dieses Paradies gelangt, von wo aus man wiederum mit Leichtigkeit ins Nirwana eingeht. Allerdings wurde dieses Paradies bald von einer Vorstufe ins Nirwana zu einem Endziel an sich und ähnelt damit islamischen oder christlichen Paradiesesvorstellungen als fantasievollen Ausgestaltungen einer eschatologischen Hoffnung. Das folgende Gebet ist jedoch von einem Geist kosmischer Verbundenheit durchatmet, der denkbar weit entfernt ist von infantilen Paradiesesvorstellungen als bloßer Verlängerung irdischer Sehnsüchte.

Ich gebe, Amitabha, dir mich hin! Mögen die Geschöpfe alle kommen zur Erkenntnis von dem großen Gesetz des Lebens und erfassen die Dinge, die von oben kommen!
Ich gebe dem großen Lebensgesetz mich hin! Mögen die Geschöpfe alle sich versenken in die Tiefen der Schriften und zu der Weisheit gelangen, die gewaltig ist wie das Meer!
Ich gebe der heiligen Gemeinde mich hin. Mögen die Geschöpfe alle in einem großen geschlossenen Zug schreiten zu der großen Versammlung aller Heiligen.

(aus der chinesisch-buddhistischen Schule des Reinen Landes [Tsing-tu], Reichelt 1926, 112)

Shinran: ein „buddhistischer Luther"?

Die buddhistische „Schule des Reinen Landes" verehrte den Buddha des unendlichen Lichts (jap.: Amida) als einen transzendenten Buddha. Die beiden großen Gestalten dieser Strömung, die in Japan im 12. und 13. Jahrhundert an Einfluss gewann, waren Honen und sein Schüler Shinran. Der Erfolg dieser religiösen Richtung rührt ohne Zweifel zu einem guten Teil daher, dass sie gesellschaftliche Schichten – Fischer, Jäger, Bauern, Krieger, Prostituierte etc. – einbezog, die bis dahin nicht in der Lage waren, einer buddhistischen Ethik zu entsprechen. Bereits die wiederholte Anrufung des Amida in der simplen Formel *Namu Amida Butsu* („Ehre dem Buddha Amida") könne die Wiedergeburt im *Reinen Land* garantieren. Shinran radikalisiert diese Auffassung noch und weist dabei erstaunliche Parallelen zu Martin Luther auf: Nachdem er lange Zeit als Tendai-Mönch gelebt hatte, heiratete er, zeugte zahlreiche Kinder und lebte als einfacher Ehemann. Der Buddha Amida, der voller Mitleid ist und allen Lebewesen in dieser Welt des Leids hilft, brauche keine guten Werke und keine bestimmte religiöse Lebensform, ja nicht einmal die wiederholte rituelle Anrufung seines Namens sei nötig. Umgekehrt sei das Handeln der Gläubigen, das aus ihrem Mitleid entspringt, selbst die gläubige Antwort auf das Mitleid Amidas. Nicht eigene Anstrengung sei die Voraussetzung des Heils, sondern das Vertrauen in die „Kraft des Anderen" (*jiriki*). Bereits dem Jesuitenmissionar Franz Xaver fiel die Ähnlichkeit dieser Überzeugungen zu denen Luthers auf. Shinrans eigene demütige Haltung entspricht in beeindruckender Weise seinem Vertrauen auf die Güte und zärtliche Liebe des Buddha Amida.

Zu stark ist für mich die Bosheit meines Herzens. Ich
  kann sie nicht überwinden.
Deshalb ist meine Seele wie vom Schlangengift befallen.
Selbst mein rechtschaffenes Tun, das mit diesem Gift
  vermengt wird,
muss man Betrügerei nennen.
Obwohl ich ohne Scham und Wahrheit bin in meiner Seele,
so breitet sich doch die Kraft des Heiligen Namens, seine
  erleuchtete Gabe,
durch meine Worte über die ganze Welt aus,
obwohl ich so bin, wie ich bin.

(nach: Smart [2]1998, 144)

Das Lotos-Sutra

Das Lotos-Sutra – eigentlich „Sutra von der Lotosblume des wunderbaren Gesetzes" – ist ohne Zweifel die bedeutendste Schrift des Mahayana-Buddhismus und übt im ganzen Fernen Osten einen kaum zu unterschätzenden Einfluss aus. Der Verfasser ist nicht bekannt, ebenso gibt es über die Zeit der Entstehung recht unterschiedliche Einschätzungen. Die meisten nehmen an, dass es im Zeitraum von 200 v. Chr. bis 200 n. Chr. niedergeschrieben wurde, und zwar in Indien auf Sanskrit. Als maßgebender Text gilt heute jedoch die chinesische Fassung, die im Jahr 406 n. Chr. vom aus Zentralasien stammenden buddhistischen Mönch Kumarajiva erstellt wurde. In China, Korea und Japan gilt dieser Text als der „kanonische". Insbesondere in Japan erhielt das Lotos-Sutra einen hohen Rang. Es war der Mönch Nichiren Shohin im 13. Jh. n. Chr., der das Lotos-Sutra als die zentrale Grundlage seiner Lehre ansah. Bis heute berufen sich buddhistische Gruppen, die sogenannten Nichirenshu und andere, auf diese Tradition und rezitieren das Lotos-Sutra.

Die zentrale Figur in dieser Schrift ist der Gautama Buddha, also der historische Buddha, der jedoch zugleich als übergeschichtliche, transzendente Gestalt dargestellt wird. Predigten und vor allem eindrucksvolle Gleichniserzählungen bilden den Großteil der Schrift. Ihre zentrale inhaltliche Aussage ist, dass ausnahmslos alle Menschen zur Erleuchtung gelangen und Buddha werden können! Alle tragen die Buddha-Natur in sich. Jedes Klassendenken ist damit überwunden. Besonders eindrucksvoll wird diese Überzeugung im Gleichnis vom brennenden Haus oder im Gleichnis vom „verlorenen Sohn" dargelegt. Auch der hier wiedergegebene Abschnitt aus dem Lotos-Sutra macht deutlich, dass es besonders die Schwachen anspricht, die sich am *Kleinen Gesetz* freuen, und nicht die großen Vorbilder an Askese und Tugendhaftigkeit. Das Ethos der Barmherzigkeit, des Verständnisses für die Schwachen und der Mitmenschlichkeit ist selbstverständlich ein entscheidender Anknüpfungspunkt für den Dialog mit dem Christentum. Insbesondere die Rissho-koseikai („Gesellschaft zur Errichtung des wahren Glaubens und der Mitmenschlichkeit") beteiligen sich intensiv am interreligiösen Dialog. Sie nehmen etwa an den von Papst Johannes Paul II. initiierten Gebetstreffen in Assisi teil.

Der japanische Mönch Nichiren Shohin (13. Jh. n. Chr.) hat die Lotosblume als das Symbol der Reinheit in einer schmutzigen Welt betrachtet. Die weiße Blüte der Lotosblume ragt aus dem Morast heraus und bleibt von ihm unbefleckt. Ebenso erhebt sich die überirdische Welt (Nirwana) über die irdische (Samsara).

Du von der Welt Verehrter! Inmitten von Geburt und Tod ertragen wir schlimme Qualen wegen der drei Leiden, wir unterliegen Verblendung und Nichtwissen, und mit Freuden hängen wir Lehren von geringerem Wert an. Heute, du von der Welt Verehrter, hast du uns dazu gebracht, uns von den leichtfertigen Auffassungen über die Daseinsfunktionen abzuwenden.
Der von der Welt Verehrte hat uns in seinem Taktgefühl von der Tathagata[17]-Weisheit Kunde getan. Doch obwohl wir dem Buddha folgten und einen Tagelohn des Nirwana erhielten, erachteten wir dies als ausreichenden Gewinn, und es kam uns nie in den Sinn, nach dem Großen Fahrzeug zu streben. Wir haben die Tathagata-Weisheit auch den Bodhisatvas erklärt und dargelegt, doch was das Große Fahrzeug betrifft, so verspürten wir nie Sehnsucht danach. Wozu? Der Buddha wusste, dass unser Geist sich an niedrigeren Dingen erfreute, und in seinem Taktgefühl lehrte er uns, wie es unserer Aufnah-

---

[17] Das ist ein Buddha, der die Stufe der höchsten Erleuchtung erlangt hat.

mefähigkeit entsprach. Doch wir erkannten noch nicht, dass wir wahrhaftig Buddha-Söhne waren. Nun haben wir erkannt, dass der von der Welt Verehrte nicht einmal gegen die Buddha-Weisheit einen Groll hegt. Wozu? Von alters her sind wir wahrhaftig Söhne des Buddha, doch wir fanden nur Freude an geringeren Dingen. Wenn unser Sinn danach gestanden hätte, am Großen Freude zu finden, dann hätte Buddha uns das Gesetz des Großen Fahrzeugs gelehrt. In diesem ganzen Sutra predigt er nur das Eine Fahrzeug. Und obwohl er früher in Gegenwart von Bodhisatvas geringschätzig von denen sprach, die sich an geringeren Dingen erfreuten, so hat sie der Buddha dennoch in Wirklichkeit im Großen Fahrzeug gelehrt. Deshalb sagen wir: Obwohl es uns nicht in den Sinn kam, darauf zu hoffen oder es zu erwarten, ist nun der Große Schatz des Königs des Gesetzes von sich aus zu uns gekommen, und das, was Buddha-Söhne erhalten sollten, haben wir alles erhalten.

(Lotos-Sutra, Erste Rolle, Kapitel 4, nach: Smart [2]1998, 140)

Bekenntnis und Gebete des Guru Nanak

„Es gibt keinen Hindu; es gibt keinen Muslim!" So lautete der Überlieferung zufolge die Erkenntnis, die der Guru Nanak nach einem Erleuchtungserlebnis während eines Bades in einem Fluss erhalten haben soll. Er wurde im 15. Jahrhundert in Nordindien der Begründer einer Religion, die die herkömmlichen religiösen Schranken überwand. Nanak war im Hinduismus verankert und bekräftigte den Glauben an die Wiedergeburt. Er wandte sich jedoch gegen die religiös begründete Hierarchisierung der Gesellschaft und Formen des traditionellen Aberglaubens. Die Bhakti-Tradition, welche die Gestaltlosigkeit Gottes und die Unmöglichkeit, sich von ihm ein Bild zu machen, betonte, verband sich bei ihm mit dem strengen Monotheismus und dem Bekenntnis zur Transzendenz Gottes im Islam. Die von Nanak begründete Sikh-Religion zeichnet sich durch einen tiefen Respekt vor der Schöpfung, die Betonung ihrer Einheit und durch Weltzugewandtheit aus. Sie stützt sich auf kein System von Dogmen, sondern sucht nach religiöser Weisheit, die ihren Ausdruck unter anderem in hymnischen Gesängen fand. Die Überzeugung von der letzten Einheit der Religionen macht die Sikh wegweisend für religiöse Toleranz und Dialogfähigkeit. Dass diese tolerante Haltung in einem tiefen Glauben an die Allgegenwart des Schöpfers begründet ist, bringt eine aus Nanaks Leben überlieferte Anekdote unüberbietbar zum Ausdruck: Auf einer Pilgerfahrt soll er mit den Füßen in Richtung Mekka eingeschlafen sein, was einer tiefen Beleidigung der heiligen Stätte gleichkam. Als ihn ein Mullah voller Zorn darüber weckte, lautete seine Replik: „So dreh doch meine Füße in eine Richtung, wo Gott nicht ist."

Es gibt nur einen Gott, dessen Name wahrhaftig ist, den Schöpfer, frei von Furcht und Feindseligkeit, unsterblich, ungeboren, aus sich selbst heraus existierend [...]
Der Wahre war am Anfang; der Wahre war im ersten Zeitalter.
Der Wahre ist auch jetzt, o Nanak; der Wahre wird auch sein.
Durch Nachdenken kann ich keinen Begriff von ihm erhalten, auch wenn ich Hunderttausende Male nachdenke.

(nach: Smart ²1998, 101)

Mein Gott, in dir nehme ich meine Zuflucht:
Vor deinem Angesicht fliehen alle Zweifel.
Noch bevor ich meinen Kummer ausgesprochen habe,
kennst du ihn schon.

III. Religionen Ost- und Südostasiens

Wundervolles hast du vollbracht, ich kann es nicht vergessen.
Meinen Kummer hast du verbannt, die Freude bleibt nun für immer.
Du hast mich an deiner Hand emporgezogen aus der tiefen, dunklen Quelle der Illusion.
Herzlos bin ich dir aus dem Weg gegangen, mein Gott, aber du hast mich erlöst.
Du hast mich in mein Zuhause zurückgebracht.
Lob sei deinem Namen,
voller Freude sei gepriesen dein Name!

***

Du weißt es, Gott, ich schere mich nun nicht um „mein" oder „dein".
Kein Mensch ist für mich ein Feind oder Fremder,
alle sind sie meine Freunde.
Die Freundschaft guter Menschen hat mich gelehrt,
dass ich alles, was aus deiner Hand kommt,
als etwas Gutes empfangen soll.

Hierin liegt all meine tiefste Freude:
zu wissen, dass du, der Eine,
Herr, in allem verweilst.

***

Gedenke, o Gott, meiner Seele:

Deine Jahre gehen dahin ohne seinen heiligen Namen.
Und ein Mensch ohne den Namen Gottes
ist nur eine Quelle ohne Wasser,
ein Schrein, ohne eine entzündete Lampe,
ein Baum, an dem keine Frucht zu finden ist,
ein Leib, ohne Augenlicht geboren,
eine Nacht ohne Mond,
ein Feld ohne den Regen,

ein Weiser, der die Schriften nicht kennt.
O du, der du heilig sein willst,
achte sorgsam auf dein Begehren,
Hass, Ehrgeiz, Stolz und Zorn lass fahren.

Gott allein ist dein Freund,
um dir hinfort zu helfen.

(Gandhi 1934, 92 f, 96)

Gebete des Swami Vivekananda

Swami Vivekananda (1863–1902), prominentester Schüler des Ramakrishna, gilt als einer der bedeutendsten Vertreter des Neohinduismus. Berühmtheit erlangte er vor allem durch seine Rede vor dem Parlament der Weltreligionen, das im Jahr 1893 in Chicago stattfand. Er präsentierte dort eine Spielart des Hinduismus, die sich als anschlussfähig an einen kosmopolitischen Humanismus und an das naturwissenschaftliche Denken erwies. Die starke Rezeption des Hinduismus im Westen während des 20. Jahrhunderts verdankt sich nicht zuletzt Vivekananda.

Das Göttliche sieht Vivekananda auf zwei Ebenen: Auf einer höheren Ebene entzieht es sich jeder Beschreibung und Begrifflichkeit und ist lediglich der nichtdualen, mystischen Erfahrung zugänglich. Wir können das Göttliche in unserem Inneren erfahren, weil dieses Innere selbst göttlich ist. Auf einer niedrigeren Ebene allerdings nimmt das Göttliche konkrete Gestalt an: als Kali, Shiva, Vishnu etc. In zahlreichen Vorstellungen wird es Gegenstand der Verehrung. Alle Religionen können als unterschiedliche Ausdrucksformen verstanden werden, denen letztlich doch nur das eine Göttliche zugrunde liegt. Der Hinduismus, der in sich selbst eine Vielzahl von Glaubensweisen – von einem polytheistischen Götterpantheon bis hin zum

Monismus eines Shankara – aufweist, hat gerade darin seine Bedeutung für den Dialog der Religionen, dass er auf die dieser Vielheit zugrunde liegende Einheit verweist. Darin zeigt er sich etwa als dem Christentum mit seinem exklusiven Absolutheitsanspruch überlegen. Mit seiner Behauptung der göttlichen Natur des Wesens des Menschen selbst begründet Vivekananda einen Humanismus, der das menschliche Glücksstreben tiefer verankert als jeder Utilitarismus. Die Betonung der Erfahrbarkeit des – begrifflich nicht zu erfassenden – Göttlichen in der Meditation präsentierte den Hinduismus als eine dogmenkritische Religion. Mit der Anknüpfung an die Philosophie des Shankara (auf der Grundlage der Upanishaden) gelang diesem Verständnis des Humanismus auch der Anschluss an ein evolutives Weltbild.

Vivekanandas Version des Hinduismus wurde für die gebildeten Eliten attraktiv, ohne dabei die vielfältigen Verehrungsformen der Volksreligiosität diskreditieren zu müssen. Und sie wurde zur Grundlage eines neuen indischen Selbstbewusstseins. Der Universalismus der inneren spirituellen Erfahrung jedoch schloss jede patriotische Verengung dabei aus.

Der moderne Hinduismus, für den Vivekananda als prominenter Vertreter steht, knüpft vielfach an die monistische Philosophie des Shankara (7./8. Jh. n. Chr.) an, mit einem wesentlichen Unterschied: Shankaras Monismus ging davon aus, dass nichts existiere als das Brahman (die „Weltseele"), das eben deshalb identisch sein müsse mit Atman (der „Einzelseele"). Die Welt der äußeren Erscheinungen ist demnach nicht real, sie ist *maya*, Illusion. Wie aber lässt sich innerhalb dieser Auffassung soziales Engagement begründen? Der Neohinduismus mit seiner betont sozialen Komponente und mit einer auf der Vernunft begründeten Ethik rückt in diesem Punkt deutlich von der Philosophie des Shankara ab. Der Charakter der äußeren Welt als Illusion wurde lediglich als Nicht-Ewigkeit interpretiert, und damit wurde die Grundlage für ein positives, engagiertes Weltverhältnis geschaffen.

Vivekananda lässt grundsätzlich alle klassischen Heilswege des Hinduismus gelten. Die Werke (Karma) interpretiert er jedoch nicht im rituellen Sinne, sondern im Sinne einer humanistischen sozialen Verpflichtung. Mit der von Vivekananda ausgelösten starken Rezeption des Hinduismus im Westen, die sich nicht zuletzt in der Literatur niederschlägt, wurde ein spirituelles Potenzial erschlossen, das imstande war, den seelenlosen Materialismus des Westens herauszufordern. Für einen heute so dringlichen Dialog der Religionen erweist sich Vivekananda nach wie vor als wegweisend.

Die folgenden Gebete Vivekanandas sind zum Teil seiner berühmt gewordenen Rede vor dem Parlament der Weltreligionen entnommen. Sie sind ein großartiges Beispiel dafür, wie es ihm gelingt, an die älteste Tradition anzuknüpfen, um einen modernen, humanistischen Hinduismus auf der Höhe der Zeit als glaubwürdige spirituelle Kraft zu präsentieren.

Du bist unser Vater, du bist unsere Mutter, du bist unser geliebter Freund, du bist die Quelle aller Kraft, gib uns Kraft. Du bist der, der die Lasten des Universums trägt; hilf mir, die geringe Last dieses Lebens zu tragen.[...]

Herr, ich will keinen Reichtum, keine Kinder und keine Gelehrigkeit. Wenn es dein Wille ist, werde ich von Geburt zu Geburt fortschreiten, aber gewähre mir nur dies: dass ich dich lieben möge ohne Aussicht auf Belohnung – dich selbstlos lieben möge, nur um der Liebe willen.[...]

Über all diesen Gesetzen, in und durch jedes Teilchen von Materie und Kraft, steht einer, auf dessen Geheiß der Wind weht, das Feuer brennt, die Wolken Regen bringen und der Tod auf der Erde umgeht. Und was ist sein Wesen? Er ist überall der reine und gestaltlose Eine, der

III. Religionen Ost- und Südostasiens

Allmächtige und Allbarmherzige. Du bist unser Vater. Du bist unser geliebter Freund. [...]

Möge er, der das Brahman für die Hindus, der Ahura-Mazda für die Zoroaster, der Buddha für die Buddhisten, der Jehova für die Juden und der Vater im Himmel für die Christen ist, dir die Stärke verleihen, deine edlen Ideale zu verwirklichen.

(gesprochen vor dem Weltparlament der Religionen in Chicago, September 1893; englische Quelle: Wikipedia, World's Parliament of Religions)

Diese Mutter, die sich in allen Seinsformen offenbart – sie grüßen wir.
Sie, von der die Welt sagt, sie sei das große Maya – sie grüßen wir.
Du Geberin aller Glückseligkeiten, du Geberin der Stärke,
du Geberin von Sehnsüchten, du, die Barmherzige,
dir gilt unser Gruß, dich grüßen wir, dich grüßen wir.
Du schrecklich schwarze Nacht – du, Nacht des Irrtums, du, Nacht des Todes.
Dir gilt unser Gruß – dich grüßen wir, dich grüßen wir.

Die Brise steuert auf Rechtschaffenheit hin zu. Die Ozeane lassen Segen für uns herabströmen – unser Vater im Himmel verschwenderisch in seinen Wohltaten. Die Bäume in den Wäldern sind wohltuend, und ebenso das Vieh. Selbst der Staub der Erde glänzt vor Glückseligkeit. Alles ist Glückseligkeit, alles Wohltat, alles Glück.

Sprich: „Nimm uns an der Hand, wie ein Vater seinen Sohn an der Hand nimmt, und verlass uns nicht."
Sprich: „Ich will weder Reichtum noch Schönheit, ich will weder diese Welt noch eine andere, sondern dich, o Gott! Herr! Ich bin müde geworden. O, nimm mich an

der Hand, Herr, ich suche Zuflucht bei dir. Mach mich zu deinem Diener. Sei du meine Zuflucht."
Sprich: „Du, unser Vater, unsere Mutter, unser liebster Freund! Du, der du dieses Universum trägst, hilf uns, die geringe Last dieses unseres Lebens zu tragen. Verlass uns nicht. Lass uns niemals von dir getrennt sein. Lass uns stets in dir unsere Bleibe haben."
Sag stets zu dir selbst: „Ich bin nicht der Körper, ich bin nicht der Geist, ich bin nicht der Gedanke, ja ich bin nicht einmal das Bewusstsein; ich bin das Atman." Wenn du alles von dir werfen kannst, dann wird nur das wahre Selbst übrig bleiben.

Möge uns das Getreide auf unseren Feldern zur Wohltat gereichen.
Mögen uns die Pflanzen und Kräuter zur Wohltat gereichen.
Möge das Vieh uns zur Wohltat gereichen.

O Vater im Himmel, sei du wohltätig mitten unter uns!

Der Staub der Erde selbst ist voller Glückseligkeit.

Alles ist Glückseligkeit, alles Wohltat, alles Glück.

(englischer Text aus: http://www.vivekananda.net/Bibliographical/SVPrayers.html)

Gebete des Rabindranath Tagore

Rabindranath Tagore (1861–1941) ist nicht nur einer der bedeutendsten Dichter, Philosophen, Musiker und Zeichner Indiens, sondern einer der herausragenden Vertreter eines modernen, reformierten Hinduismus. Für sein literarisches Werk, das sowohl Prosaerzählungen als auch mystisch-religiöse Gedichte umfasst, erhielt er im Jahr 1913 den Literaturnobelpreis. Durch ihn konnte sich das Bengali allererst als Literatursprache etablieren. Seine philosophischen und religiösen Schriften, in denen er unter anderem die Upanishaden neu interpretiert, sind von einem universalistischen, weltbürgerlichen Geist geprägt. Tagore entstammte einer angesehenen bengalischen Brahmanen-Familie. Sein Vater, Debendranath Tagore, war eine zentrale Figur der von Râm Mohan Roy gegründeten hinduistischen Reformbewegung Brâma Samâj, der auch Rabindranath Tagore angehörte. Ausgehend von bestimmten Textpassagen aus den Upanishaden deutete man den hinduistischen Glauben hier monotheistisch (bzw. deistisch), lehnte bestimmte traditionelle hinduistische Bräuche sowie die Bilderverehrung und das Kastenwesen ab und entwickelte eine Ethik auf rationalem Fundament. Der Hinduismus wurde damit zu einer Universalreligion erhoben, die über ihre traditionelle Verankerung hinaus alle Menschen anzusprechen imstande sein sollte. Vor diesem Hintergrund sind die religiös-mystischen Texte Tagores zu verstehen. Die Reformvereinigung Brâma Samâj war eine hinduistische Antwort auf die Herausforderungen der Modernisierung und vor allem auf die christliche Mission mit ihrer heftigen Kritik an bestimmten hinduistischen Bräuchen, wie etwa der Witwenverbrennung. Man versuchte darzulegen, dass das Zentrum der hinduistischen Realität kein polytheistisches Götterpantheon, sondern die eine Wirklichkeit, Brahman, sei. Von hier aus erschloss sich auch der Dialog mit dem Christentum, hinter dessen vielfältiger mythologischer Einkleidung man ebenfalls den rationalen Kern einer universalen Ethik zu entdecken meinte. Der große Stellenwert sozialer Belange war ebenfalls eines der auffallenden Merkmale dieser modernen Rezeption des Hinduismus. Die Gebete Tagores gehören zu den großartigsten Zeugnissen der tiefen mystischen Erfahrung, von der diese Erneuerungsbewegung getragen war.

Eine Handvoll Staub

Eine Handvoll Staub konnte dein Zeichen verdunkeln, als ich um seine Bedeutung nicht wusste.
Jetzt bin ich weiser und lese es in allem, was es zuvor verbarg.
Es ist gemalt in den Blütenblättern der Blumen; Wellen spritzen es aus ihrer Schaumkrone; Hügel halten es hoch empor auf ihrem Gipfel.
Ich hatte mein Gesicht abgewandt von dir, darum las ich die Zeichen schief und verstand ihre Bedeutung nicht.

(Tagore 1916, 6)

Unendlichkeit

Im Aufblitzen eines Augenblicks habe ich die Unendlichkeit deiner Schöpfung in meinem Leben gesehen – Schöpfung durch so manchen Tod von Welt zu Welt.
Ich weine angesichts meiner Unwürdigkeit, wenn ich mein Leben sehe in den Händen der bedeutungslosen Stunden – aber wenn ich es in deinen Händen sehe, dann weiß ich, es ist zu kostbar, um verschleudert zu werden zwischen Schatten.

(Tagore 1916, 70)

Bitte

Lass mich nicht beten, vor Gefahren bewahrt zu werden, sondern ohne Furcht zu sein, wenn ich sie bestehe.
Lass mich nicht betteln, dass mein Schmerz gestillt werde, sondern dass ich mir ein Herz fasse, ihn zu besiegen.
Lass mich nicht Ausschau halten nach Verbündeten auf

dem Schlachtfeld des Lebens, sondern auf meine eigene
Stärke schauen.
Lass mich nicht flehen voller banger Furcht, gerettet zu
werden, sondern auf die Geduld hoffen, meine Freiheit
zu erlangen.
Gewähre mir, dass ich kein Feigling sei und deine Barmherzigkeit nur im Erfolg spüre; sondern lass mich erkennen, wie deine Hand mich ergreift in meinem Versagen.

(Tagore 1916, 107)

Dank

Jene, die auf dem Pfad des Stolzes wandeln, das niedere
Leben unter ihrem Schritt zermalmen, das zarte Grün
der Erde mit ihren blutigen Fußspuren besudeln: Lass sie
sich freuen und dir danken, Herr, denn ihnen gehört das
Heute.
Aber ich bin dankbar, dass mein Schicksal bei den Ge-
ringen liegt, die Leid und die Last der Macht ertragen
und ihr Gesicht und ihr Wehklagen im Dunkeln verbergen.
Denn jeder Herzschlag ihres Schmerzes hat pulsiert in
der geheimen Tiefe deiner Nacht, und jede Beleidigung
wurde gesammelt in dein großes Schweigen. Und das
Morgen gehört ihnen.
O Sonne, geh auf über den blutenden Herzen, aufblühend
in Morgenblumen, und das Fest der Fackellichter des
Stolzes wird zu Asche geworden sein.

(Tagore 1916, 122 f)

Mitte meines Herzens

Du warst im Zentrum meines Herzens, darum, als mein
Herz umherschweifte, fand es dich nie, du verbargst dich

*vor meinen Vorlieben und Hoffnungen bis zuletzt, denn
du warst immer in ihnen.
Du warst die innerste Freude im Spiel meiner Jugend,
und als ich zu sehr ins Spiel vertieft war, war die Freude
vorbei.
Du sangst zu mir in den Ekstasen meines Lebens, und ich
vergaß dir zu singen.*

(Tagore 1916, 96)

Reisegefährte

*Sich bewegen heißt dir jeden Augenblick begegnen, Reise-
gefährte!
Es heißt, im Takt deines Schrittes zu singen.
Er, den dein Atem berührt, gleitet nicht sanft dahin im
Schutz des Ufers.
Wagemutig setzt er ein Segel im Wind und bezwingt die
unruhigen Wasser.
Der, der seine Türen öffnet und losgeht, empfängt deinen
Gruß.
Er bleibt nicht, um seinen Gewinn zu zählen oder seinem
Verlust nachzutrauern; sein Herz schlägt die Trommel
zu seinem Marsch, denn das heißt mit dir marschieren,
Schritt für Schritt, Reisegefährte!*

(Tagore 1916, 16)

Dein Ebenbild

*Als ich daran dachte, dich zu formen – ein Bild aus
meinem Leben, damit Menschen es verehren könnten –,
brachte ich meinen Staub und mein Begehren und all
meine bunten Wahnvorstellungen und Träume.
Als ich dich bat, mich zu formen mit meinem Leben, als
Bildnis von deinem Herzen, damit du es lieben könnest,*

brachtest du dein Feuer und deine Kraft, deine Liebenswürdigkeit und deinen Frieden.

(Tagore 1916, 41)

Meine und deine Melodie

Du stehst stets allein, jenseits des Stromes meiner Lieder.
Die Wellen meiner Melodien umspülen deine Füße, doch ich weiß nicht, wie ich sie erreichen kann.
Dieses mein Spiel mit dir ist ein Spiel von weither.
Es ist der Schmerz der Trennung, der sich in die Melodie durch meine Flöte mengt.
Ich warte auf die Zeit, da dein Boot übersetzt zu meinem Ufer und du meine Flöte in deine eigenen Hände nimmst.

(Tagore 1916, 94)

Die Ernte meines Lebens

Die Vögel, denen du Lieder gabst, erwiderten es dir mit Liedern.
Mir gabst du nur eine Stimme, doch du verlangtest mehr, und ich singe.
Du machtest deine Winde leicht, und flink verrichten sie ihren Dienst.
Meine Hände hast du beladen, damit ich sie selbst leicht mache und schließlich unbelastete Freiheit erlange zu deinem Dienst.
Du schufst deine Erde, indem du ihre Schatten mit Bruchstücken von deinem Licht erfülltest.
Dann hieltest du inne; du ließest mich mit leeren Händen im Staub zurück, um deinen Himmel zu schaffen.
Allen anderen Dingen gabst du; von mir verlangst du.
Die Ernte meines Lebens reift in der Sonne und im

*Regen, bis ich mehr schneide als du gesät hast, um dein
Herz zu erfreuen, du Meister des goldenen Speichers.*

(Tagore 1916, 106)

„Mahatma" Gandhi

Den Beinamen Mahatma, „große Seele", unter dem
Mohandas K. Gandhi (1869–1948) heute weltweit bekannt ist, hat ihm Rabindranath Tagore verliehen. Zusammen mit Henry Thoreau und Martin Luther King
gilt Gandhi heute als der große Praktiker und Theoretiker des gewaltfreien Widerstands und des zivilen Ungehorsams. Mit seinen gewaltfreien Aktionen zwang er
das südafrikanische Regime ebenso in die Knie wie das
britische Empire. Es erübrigt sich hier, Gandhis Biografie im Detail wiederzugeben. Hier geht es vielmehr um
die religiösen Wurzeln dieses politischen Handelns, die
sich nicht zuletzt eindrucksvoll in Gandhis Gebetspraxis manifestieren. Gandhi stammte aus Kathiawar in
Gujarat und war von Kindheit an mit sehr unterschiedlichen religiösen Einflüssen konfrontiert. Anhänger
des Jainismus, Muslime und die eigene hinduistische
Familie waren gleichermaßen prägend. Insbesondere
seine Mutter gehörte einer Strömung des Hinduismus
an, die die kultische Mittlerrolle der Brahmanen ablehnte und den unmittelbaren Zugang des einzelnen
Frommen zur Gottheit betonte. Während seiner Londoner Studienzeit setzte sich Gandhi überdies intensiv
mit dem Christentum und mit Persönlichkeiten wie
etwa Leon Tolstoi und Romain Rolland auseinander.
Der für Gandhi so entscheidende Begriff, der gemeinhin mit „Gewaltfreiheit" wiedergegeben wird, geht auf
die alte jainistische Vorstellung der *ahimsa* zurück, was
das „Nicht-Verletzen" von Lebewesen meint. (s. S. 122)
Weitere Schlüsselbegriffe wurden für ihn später *satyam*,
das heißt *Wahrheit als Gott*, bzw. *satyagraham*, das Fest-

halten an der Wahrheit. Gandhi stellte diese Begriffe in einen politischen Kontext und gab ihnen so ihr eigenes originelles Gepräge:

„Um eines Tages den Geist der Wahrheit, der das gesamte Universum durchdringt, von Angesicht zu Angesicht zu sehen, muss man dahin gelangen, auch das Unbedeutendste innerhalb der Schöpfung zu lieben, und deshalb darf man sich keiner Dimension des Lebens entziehen. Aus diesem Grund hat mich meine Liebe zur Wahrheit veranlasst, mich um die Politik zu kümmern. Ich kann ohne das geringste Zögern und dennoch in aller Demut sagen, dass es heißt, gar nichts von der Religion zu verstehen, wenn man überhaupt keinen Bezug zur Politik darin erkennt. Die Gewaltfreiheit besteht nicht darin, ‚sich von jeglicher realen Auseinandersetzung angesichts der Bosheit fernzuhalten'. Ganz im Gegenteil: Ich sehe in der Gewaltfreiheit eine entschlossenere und echtere Form des Kampfes, als es das schlichte Talionsgesetz [i.e. „Gesetz der Vergeltung"; d. Verf.] ist, das letztlich die Bosheit nur verdoppelt. Gegen all das, was unmoralisch ist, will ich zu den moralischen und spirituellen Waffen greifen. Ich strebe nicht danach, den Schwertstreich des Tyrannen gegen mich dadurch abzumildern, dass ich eine noch schärfere Waffe benutze als die seine. Ich bemühe mich darum, die Schwungkraft des Konflikts abzuschwächen, indem ich ihm keinen physischen Widerstand biete. Mein Gegner muss durch die Kraft der Seele zum Respekt veranlasst werden. Vor allem wird er aus der Fassung geraten, denn er wird zugeben müssen, dass dieser spirituelle Widerstand unbezwingbar ist. Wenn er hierin zustimmt, ohne dabei im Geringsten gedemütigt zu werden, dann geht er aus dem Kampf edler hervor, als er vorher war. Man mag dagegen einwenden, dass dies eine ideale Lösung sei. Das ist vollkommen richtig." (zit. nach: Clévenot 1993, 173 f)

Gandhi erfüllte auch den Begriff des Verzichtes mit einer sozialen und politischen Bedeutung. Seine eigene einfache und asketische Lebensweise diente ihm dazu, sich für den Kampf gegen Unterdrückung und Unrecht spirituell vorzubereiten. Bei den Gebetstreffen in seinen Ashrams benutzte er auch christliche Gebete und Hymnen. Gandhi war überzeugt von der letzten Einheit aller Religionen, auch wenn er diesen Gedanken nicht in einer Theorie systematisch entfaltete. Ohne Zweifel war das Ideal der monastischen Lebensform (sowohl der indischen als auch der christlichen Mönche; in Südafrika hatte er z.B. Kontakt zu Trappisten) für ihn prägend. Seine Ashrams können als eine schöpferische Aneignung dieser Lebensform im konkreten Kontext verstanden werden. Welchen Stellenwert das Gebet und auch die überlieferten Gebetsformen in Gandhis Leben und Kämpfen hatte, bezeugt er selbst: „Das Beten ist die Rettung meines Lebens gewesen. Ohne es wäre ich schon verrückt geworden [...] Mag mir auch die Verzweiflung über die politische Lage ins Antlitz starren, so habe ich doch nie meinen Frieden verloren. Tatsächlich habe ich Leute gefunden, die mich um meinen Frieden beneiden. Nun, dieser Friede, kann ich Ihnen sagen, kommt vom Beten. Ich bin dabei gleichgültig gegen dessen Form. Jedermann ist in dieser Beziehung sein eigenes Gesetz. Doch es gibt ein paar gut markierte Wege, und es ist sicher, sich längs der gebahnten Pfade, die von den alten Lehrern begangen wurden, zu bewegen ..." (zit. nach: Gandhi 1993, 75 f)

Gandhis Leben und Wirken erlangt gerade heute, angesichts der immer deutlicher spürbaren Grenzen des materiellen Wohlstandsmodells, neue Aktualität. Die einfachen Bedürfnisse des Menschen wieder in den Mittelpunkt zu rücken, die „Daseinsmächtigkeit" gegenüber einer ökonomischen Fremdbestimmung wieder zurückzugewinnen und eine Zivilisation zu fördern, die mit dem Leben aller in Würde vereinbar ist: Dies ist ein Erbe Gandhis, das es dringender als jemals zuvor anzueignen gilt:

„Die Zivilisation meint im eigentlichen Sinne dieses Wortes nicht, die Bedürfnisse zu vermehren, sondern sie freiwillig zu begrenzen. Das ist der einzige Weg, um das wahre Glück zu erfahren und uns für die anderen verfügbar zu machen. Ungerecht ist jene Wirtschaftsordnung, die die moralischen Werte ignoriert oder gar verachtet. Das Gesetz der Gewaltfreiheit auf das Feld der Ökonomie auszudehnen heißt nichts Geringeres, als moralische Werte in Betracht zu ziehen, um die Regeln des internationalen Handels festzulegen." (zit. nach: Clévenot 1993, 174 f)

Gandhis Gebetspraxis, die hier beispielhaft veranschaulicht werden soll, wird wohl nur in diesem sozialen, politischen und ökonomischen Kontext richtig verstanden. Sein „Gebet", das er täglich gesprochen haben soll, bestand aus folgenden fünf Vorsätzen radikaler Einfachheit:

„Ich will
bei der Wahrheit bleiben.
Ich will
mich keiner Ungerechtigkeit beugen.
Ich will
frei sein von Furcht.
Ich will
keine Gewalt anwenden.
Ich will
guten Willens sein gegen jedermann."

(aus: www.arche-heidelberg.de/gebete/ich_will.htm)

Diese Karte entnahm ich dem Buch:

Mich interessieren folgende Themen:

- ☐ Geschichte
- ☐ Philosophie
- ☐ Weltreligionen
- ☐ Judaika
- ☐ Weltliteratur
- ☐ Kunst

☐ Bitte schicken Sie mir das Gesamtverzeichnis marixverlag.

☐ Bitte informieren Sie mich regelmäßig über Neuerscheinungen.

☐ Bitte schicken Sie mir das Gesamtverzeichnis Edition Erdmann „Alte Abenteuerliche Reise- und Entdeckerberichte".

Alle Informationen unter www.marixverlag.de

Absender:

Name, Vorname

Straße, Nr.

Plz, Ort

Telefonnummer *

Faxnummer *

Email *

Unterschrift

* freiwillige Angabe

**Für Ihre schnelle Anfrage:
info@marixverlag.de**

Rückantwort

**marixverlag GmbH
Römerweg 10**

65187 Wiesbaden

Bitte ausreichend frankieren

"Mahatma" Gandhi

Lieder aus dem Gefängnis

Während seiner Gefängnishaft in Yeravada im Jahr 1930 übersetzte Gandhi hinduistische Gebete und Texte und machte sich diese Tradition damit auf seine Weise zu eigen. Er griff dabei auf die Upanishaden und andere Sanskrit-Texte, aber auch auf Dichter der Bhakti-Tradition zurück. Die Gebete geben einen Eindruck von der Gebetspraxis in Gandhis Ashrams.

Am frühen Morgen
vergegenwärtige ich mir jenes Wesen,
das der Mensch insgeheim im Herzen spürt:
Ewige Wahrheit,
Ewige Weisheit,
Ewige Freude:
An seiner Wahrheit, Weisheit, Freude
mögen die Menschenseelen in Vollkommenheit teilhaben.

***

Am frühen Morgen
verehre ich den, der jenseits aller Gedanken und aller Worte ist,
aus dessen Gnade aber alles Sprechen erst entsteht.
Ich verehre den, von dem die Veden sagen,
dass er durch Worte nicht eingegrenzt werden möge.
Ich verehre den, dem die Alten die Namen gaben:
Der Gott der Götter,
Er, der ungeboren ist,
Er, der Vollkommene,
Er, die Quelle von allem.

***

Wir verneigen uns vor der Erde,
o heilige Erde,

III. Religionen Ost- und Südostasiens

deren Gewand der Ozean,
deren Schoß die Berge sind.
Vor dir verneigen wir uns,
o heilige Erde,
Geliebte des Erlösergotts.
Vergib uns, so bitten wir dich,
dass wir dich mit unseren unwürdigen Füßen berühren.

***

Ich verneige mich vor dir,
Wahrheit, aus der das Universum das Sein empfängt.
Ich verneige mich vor dir,
Weisheit, durch die das Universum sicheren Bestand hat.
Ich verneige mich vor dir,
der du der Eine bist, ohne einen zweiten.
Ich verneige mich vor dir,
Erlöser.
Ich verneige mich vor dir,
absoluter Gott,
immanenter Gott,
immerwährender Gott.

***

In dir,
in mir,
in allen Menschen
wohnt der Eine Gott.
In allen leidet er,
und er leidet für alle.
In allen, überall.
Schau auf dich selbst:
Mach dich frei von deiner beschränkten Vorstellung,
die darauf beharrt, dass du von anderen Menschen getrennt bist.

***

Für die, die in bitterer Not sind,
gibt es keinen anderen Trost, Herr, als dich.

Voller Erbarmen bist du,
König aller Welten.
Zu wem sollten wir denn sonst gehen, da wir bei dir
sicher sind?

Du bist das Ende und der Anfang,
dein sind die Königsherrschaft und die Macht:

Wir kommen zu dir nicht voller Zweifel,
denn wir wissen sehr wohl um dein Herz voller Erbar-
men und Liebe,
du unerschütterlicher Verteidiger der Hilflosen und Un-
glücklichen.
Aus Bettlern, Herr, hast du Könige gemacht.

So drück uns denn dein Siegel auf
und flüstere uns heimlich in unser Herz:
„Du bist mein Eigentum!"

(Tulsidas, 16. Jahrhundert)

***

Voller Erbarmen bist du, mein Gott,
und ich bin sehr in Not.

Großherzig bist du,
und ich bin ein Bettler.

Vergebung ist bei dir allein,
ich bin ein Sünder, schwer gebeugt von Kummer und
Scham.

Hilfe der Hilflosen,
wer ist so schwach wie ich,

III. Religionen Ost- und Südostasiens

so ausgesprochen wehrlos?

Mächtiger Befreier,
niemand, der so verwundet wäre wie ich.

Schöpfer allen Lebens,
ich bin der Geringste von allen, die du geschaffen.

Meister von allem,
dein Sklave bin ich.

Und doch:
Vater bist du mir und Mutter,
Lehrer bist du und Freund,
mein Alles in allem.

Lass mein Vertrauen in dich erstarken, mein Gott,
sodass ich wahrhaftig
diese tiefe, beschützende Liebe, die du für mich hegst,
spüren und erkennen kann.

(Tulsidas, 16. Jahrhundert)

***

Gewähre mir, o Meister, durch deine Gnade,
allem Guten und Reinen zu folgen,
mit den einfachen Dingen zufrieden zu sein,
meine Mitmenschen nicht als Mittel zu benutzen, sondern
    als Zweck an sich zu sehen,
ihnen in Gedanken, Worten und Werken unerschütterlich
    zu dienen,
niemals ein Wort des Hasses oder der Beschämung gegen
    sie zu äußern,
jede Selbstsucht und jeden Stolz von mir fernzuhalten,
von anderen nicht böse zu sprechen,
Frieden im Herzen zu tragen,
mich von Sorge freizumachen und

*weder vom Glück noch vom Kummer
mich entfernen zu lassen von dir.*

*Setz meine Füße auf diesen Pfad
und lass mich auf ihm fest voranschreiten,
so nur werde ich dir gefallen und dir in rechter Weise
    dienen.*

(Tulsidas, 16. Jahrhundert)

***

*Rette mich, Herr,
ach rette mich jetzt!*

*Du Quelle des Erbarmens,
ein schiffbrüchiger Seemann bin ich,
vom Sturm gebeutelt bin ich
geschleudert in dein Universum, das keine Bahnen
    kennt.
Seine hohen Wellen umfluten mich:
Illusion und Begehren,
Leidenschaft und Begierde und Hass.*

*Gleich, gleich wird meine Seele sinken unter der Last
    meiner Sünden,
um nie wieder emporzusteigen.
Die Stürme heulen mächtig um mich herum,
ich habe keinen Anker,
denn weltliche Sorgen haben mein Denken weit von dir
    entfernt.
O du voller Erbarmen,
wehr meinen Untergang ab.*

*Hier, mitten im Ozean,
erschöpft und kraftlos,
sinke ich und sinke.*

III. Religionen Ost- und Südostasiens

Streck deine Hand aus, o Herr, und komm mir zu Hilfe,
bring mich mit dir zusammen sicher ans Ufer.

(Surdas, geb. 1484 n. Chr.)

***

Mein Gott,
der du Erbarmen bist und Liebe,
tief, wie der Ozean,
unermesslich weit, wie der Ozean,
hör auf dieses mein Gebet:
Ein schriller Schmerzensschrei genügt,
und du bist bei der Seele in ihrer Verzweiflung.
In Mitleid, Kraft und Liebe des Erlösers
kommst du.
Alle liebenswürdigen, beglückenden Dinge
lehrst du.
Gewähre mir diese meine Bitte:
dass meine Seele stets mehr
in der Schau deiner Schönheit ihre Bleibe haben möge.

(Gandhi 1934, 11 f, 15, 41, 50 ff, 130)

Gebete aus Gandhis Ashrams

O göttlicher Geist, lass mich von dir einen Blick erhaschen. Dadurch werde ich das höchste Glück erlangen, dadurch wird die endlose Kette von Geburt und Tod durchbrochen. Für dich nahm ich meine Zuflucht in Abtötungen, Buße und vielen Zeremonien. Wie lang soll ich so weitermachen? Ohne dich ist das alles nutzlos, denn das Herz schmilzt nicht. Einige Uneinsichtige klammern sich an Taten, andere an Wissen. Keiner von ihnen weiß um die Freude und den Wert der Einheit mit dir. Du stehst über ihnen. Du bist und bist nicht in allem. In deiner Vollkommenheit bist du einzig. Dein Handeln ist

Geheimnis. Du bist Meister und Schüler zugleich. Du bist gestaltlos und unbeschreiblich und dennoch bist du jegliche Gestalt. Du allein kennst dich selbst. Die Veden sagen, dass du unerkennbar bist. Deine Diener singen dein Lob.

***

O du, der du in meinem Herzen wohnst, öffne es, reinige es, mach es glänzend und schön, weck es auf, bereite es, mach es furchtlos, mach es zum Segen für andere; mach es frei von Bequemlichkeit, mach es frei von Zweifeln, vereinige es mit allem, löse seine Fesseln, mach, dass deine friedliche Musik all seine Taten durchdringt. Lass mein Herz auf deinen heiligen Lotos-Fuß gerichtet sein und erfülle es mit Freude, lauter Freude, lauter Freude.

***

O Gott, so, wie ich bin, bin ich dein Diener. O Ozean des Erbarmens, nimm mich an der Hand. Du bist ein Gefährte in der Traurigkeit. Du bist der Beschützer derer, die gefallen sind. Du verwehrst deine Gegenwart nicht dem Bedrängten, der deinen Schutz sucht, egal, wie tief er in der Sünde versunken sein mag. O du Befreier! Du bewahrst deine Frommen, die in Versuchung geraten mögen, davor, das Falsche zu tun. Du gibst dem Unglücklichen Glück, und, du Segensspender, du verleihst Fähigkeit und Zufriedenheit. O guter Herr, du machst das Krumme gerade, auch wenn der Mensch mit seinem Bemühen gescheitert ist. O Gott, der vom Elend erlöst, du wäschst die Sünden der Sünder ab, die es nicht verdienen. Du schützt deine Frommen, ohne dass sie darum bitten, ihre Verfehlungen rechnest du ihnen als Verdienst an. Du beseitigst die Schwierigkeiten für die, die deine Hilfe erflehen. Du machst keinen Unterschied zwischen Groß und Klein. Du bist die Hilfe der Hilflosen. Du weißt um das, was des Menschen Herz beschwert. Du bist der Freund der Bedrängten. Du leidest, du nimmst den Men-

schen die Furcht und du siehst über Fehler großzügig hinweg. Du bist der Herr aller, die Seele der Seelen. Du allein bist unabhängig. Du bist der Geliebte Pritams, du bist der Wächter deiner Diener, du bist mein Fels!

(aus: www.gandhi-manithavon.org/gandhicomesalive_ashram_prayers.htm)

IV. INDIGENE KULTUREN

Die Religion und die Gebetssprache autochthoner Völker gehören nicht ins Museum. Sie sind nach wie vor lebendiger Bestandteil des Daseinsvollzugs eines erheblichen Teils der Menschen. Wenn etwa im Folgenden Gebete traditioneller afrikanischer Religionen zitiert werden, dann ist dabei zu bedenken, dass viele Elemente in die afroamerikanischen Religionen, wie etwa in die brasilianische Candomblé oder die Yorouba-Religion auf Kuba und anderswo, eingegangen sind. Und unter dem Deckmantel eines orthodoxen Katholizismus überlebte die indianische Religion der Menschen aus dem Andenhochland und erfreut sich gerade heute wieder einer großen Resonanz. Die arrogante Unterscheidung zwischen „Hochreligionen" und autochthonen Religionen ist heute mehr und mehr einer nachdenklicheren Wertschätzung gewichen – auch vonseiten der christlichen Kirchen. Die religiöse Landkarte der Erde spiegelt ja zu einem guten Teil Eroberung und Unterwerfung vieler Völker unter dem ideologischen Beistand der Religionen der Kolonialmächte wider. Bei den christlichen Kirchen kann man heute dagegen sehr viel Selbstkritik beobachten. Ein ehrlicher Dialog mit indigenen Religionen führt hier nicht nur zur kritischen Selbstreflexion der eigenen Geschichte und der eigenen kulturellen Bedingtheit, sondern auch zur Einsicht in Einseitigkeiten und Schieflagen des eigenen Weltbildes, zum Beispiel in den eigenen Anthropozentrismus. Auch für okzidental geprägte Menschen sind indigene Religionen samt ihrer Gebetssprache eine heilsame Irritation eigener Weltbilder und eine große Bereicherung.

IV. INDIGENE KULTUREN

Afrika

Seit dem 15. Jahrhundert wurde das Afrika südlich der Sahara von europäischen Kolonialmächten ausgebeutet. Man schätzt, dass 60 bis 80 Millionen Menschen als Sklaven verschleppt wurden, von denen nur ein Teil die Verschiffung überlebte. Erst Ende des 19. Jahrhunderts (Brasilien 1888) konnte sich ein offizielles Verbot der Sklavenhaltung weltweit durchsetzen! Obwohl traditionelle Lebensweisen afrikanischer Stammesgesellschaften bis ins 20. Jahrhundert überlebt haben, ist afrikanische Religiosität deshalb heute vor allem innerhalb von Bevölkerungsschichten mit afrikanischen Wurzeln auf anderen Kontinenten (etwa Südamerika, Karibik ...) lebendig und bildet auch ein wichtiges Element eines erwachenden Selbstbewusstseins.

Die traditionellen Religionen Afrikas südlich der Sahara sind natürlich äußerst vielfältig und stehen nicht zuletzt in Abhängigkeit von der jeweiligen Zivilisation und Lebensweise. Jäger und Sammler, sesshafte Ackerbauern, als Nomaden lebende Hirtenvölker, aber auch Stadtkulturen und komplexere soziale Formationen bilden den gesellschaftlichen Hintergrund religiöser Vorstellungen. Eine Schriftsprache fehlt. Deshalb haben diese Völker zumeist eine wahre Meisterschaft der mündlichen Erzählkunst entwickelt. Bei aller Vielfalt kann man durchaus einige gemeinsame Grundelemente der traditionellen afrikanischen Religionen feststellen. So teilt man allgemein den Glauben an ein höchstes Wesen, das die Geschicke der Menschen in letzter Instanz bestimmt. Im gelebten Alltag, im Kult und in den Mythen spielt dieses Wesen jedoch keine große Rolle. Die als unmittelbarer empfundene Präsenz der vielen Götter, Geister und Ahnen ist für den Lebensvollzug der Menschen viel entscheidender. Ninian Smart spricht deshalb treffend von einer Art „gebrochenem Theismus" (Smart ²1998, 310), in dem die göttliche Kraft in der Gegenwart der vielen Götter erfahren wird. Dabei herrscht durchaus eine anthropomorphe Vorstellung vor. Ein animistisches Weltbild, das heißt die Annahme der Belebtheit der Wirklichkeit durch unsichtbare Seelenkräfte und Seelen der Ahnen, ist ein deutlich hervortretender Grundzug. Anthropologisch herrscht die Vorstellung vor, dass der Mensch mehrere Seelenkräfte bzw. -zustände oder -aspekte in sich vereint, von denen einige nach dem Tod in eine spezifische Art der Weiterexistenz übergehen. Besonders für jung Verstorbene nimmt man auch eine Wiedergeburt an. Die Verehrung der als präsent empfundenen Ahnen hat einen wichtigen Stellenwert. Helfende Schutzgeister, aber auch Schaden verursachende Geister und Trickgeister („trickster") bevölkern die Vorstellungswelt. Ein besonderes Verhältnis hat man zu den Tieren, die allgemein als Geschwister empfunden werden und mit deren Seelenkräften man sich durch bestimmte Rituale zu versöhnen sucht. „Rites de passage", also Riten an bestimmten Lebenswenden, wie etwa zu Beginn des Erwachsenwerdens, sind ein fester Bestandteil des sozialen Lebens. In den heutigen Religionen mit afrikanischen Wurzeln (v.a. in Lateinamerika und der Karibik) findet man insbesondere Elemente der Yorouba, eines recht großen Volkes im Gebiet Benins, Togos und des südwestlichen Nigeria. Eine besondere Rolle spielen hier etwa die „Orishas" (brasilianisch: Orixas), das heißt Menschen, die aufgrund ihrer Verdienste einen göttlichen Status erlangt haben.

Die afrikanischen Religionen sind eine nach wie vor wichtige Facette der religiösen Daseinsdeutung des Menschen. Die heutigen Kulte, die von afrikanischer Religiosität durchdrungen sind, sind nicht zuletzt deshalb ein bedeutendes Erbe der Menschheit insgesamt, weil in ihnen die Erinnerung an die Versklavung der Schwarzafrikaner und an ihren Widerstand am Leben erhalten wird. Deshalb sind hier auch Gesänge von afrikanisch-stämmigen Sklaven in Nord- und Südamerika und deren Nachfahren aufgenommen: zwei Beispiele

IV. INDIGENE KULTUREN

der sogenannten Negrospirituals, die seit dem 16. Jahrhundert aus spontanen Gesängen schwarzer Sklaven in Nordamerika entstanden sind und eine Wurzel der späteren Gospelgesänge bilden, und der Eröffnungsgesang der „Missa dos Quilombos". Quilombos waren Dörfer von schwarzen Sklaven in Brasilien, denen die Flucht gelungen war. Am bekanntesten ist der Quilombo dos Palmares aus dem 17. Jahrhundert im heutigen brasilianischen Bundestaat Alagoas mit seinem letzten Anführer und Kämpfer Zumbi. Die Texte der aus den Achtzigerjahren des 20. Jahrhunderts stammenden Missa dos Quilombos wurden vom bereits erwähnten Bischof Pedro Casaldáliga (s. S. 81 ff) und von Pedro Tierra verfasst, die Musik stammt von Milton Nascimento, einem Schwarzen aus dem Bundesstaat Minas Gerais. In Nordamerika, wo die Sklavenfrage bis hin zum amerikanischen Bürgerkrieg zur Zerreißprobe der Union wurde, hatte ursprünglich niemand ein Interesse, die Schwarzen zum Christentum zu bekehren, da dies ihre Versklavung verhindert oder erschwert hätte. Dennoch fanden die schwarzen Sklaven in den Geschichten des Ersten und Zweiten Testaments zahlreiche Anknüpfungspunkte der Identifikation mit der eigenen Situation (z.B. den Exodus aus Ägypten, die Passionsgeschichte Jesu ...). Darüber hinaus ist damit zu rechnen, dass sich hinter so mancher Liedzeile ein Hinweis auf eine geplante Flucht verbirgt (bei „Wade in the water" scheint dies der Fall zu sein). Viele ursprüngliche Gesänge schwarzer Sklaven sind heute nicht nur in den Gebets- und Liedschatz der etablierten Kirchen eingegangen, sondern auch populäre Bestandteile einer Unterhaltungskultur geworden, oftmals verharmlost und ihrer gefährlichen Erinnerung beraubt. Selbst bei Liedern, die vordergründig von einer stark verinnerlichten Frömmigkeit handeln, ist das ursprüngliche Subjekt mitzubedenken. Wenn etwa ein schwarzer Sklave „Oh happy day, when Jesus washed my sins away" sang, dann hat er damit den Mechanismus der Verinnerlichung der Unterdrückung mittels seines Sündenbewusstseins erfolgreich überwunden. Um jeder verharmlosenden Rezeption dieser Texte vorzubeugen, sollten wir uns von Pedro Casaldáliga einschärfen lassen: „Im Namen eines weißen Kolonialgottes, den christliche Länder angebetet haben, als ob es der Gott und Vater unseres Herrn Jesus Christus wäre, wurden Millionen Schwarze jahrhundertelang der Versklavung, der Verzweiflung und dem Tod preisgegeben. In Brasilien, in Nordamerika, in Afrika selbst, in der ganzen Welt ... Zum Ärgernis für viele Heuchler und zur Erleichterung für viele, die bereuen, bekennt die Missa dos Quilombos vor Gott diese übergroße Schuld der Christen." (www.servicioskoinonia. org/Casaldaliga/poesia/quilombos.htm)

Bitte um Hilfe an Imana

Für die Bantustämme auf dem Gebiet des heutigen Ruanda und Burundi ist Imana der Schöpfergott, in dem alles Gute seinen Ursprung hat. Auch für ihn gilt, dass er im faktischen Leben der Menschen keine große Rolle spielt. Im Gegensatz zu den vielen als unmittelbarer erlebten Göttern und Geistern lässt er sich in seinem Willen von den Menschen gar nicht beeinflussen. An ihn gerichtete Gebete sind folgerichtig auch äußerst selten. Das folgende Gebet ist ein als *Kwambaza* bekannter Hilferuf an Imana in großer Not.

O Imana von Urundi, mögest du mir doch nur helfen! Du Imana des Erbarmens, du Imana vom Land meines Vaters, mögest du mir doch nur helfen! O Imana, wenn du mir doch nur ein Zuhause und Kinder schenken würdest! Ich werfe mich vor dir nieder, Imana von Urundi. Ich rufe laut zu dir: Gib mir Kinder, gib mir das, was du auch anderen gibst! Imana, was soll ich nur tun, wohin soll ich nur gehen? Ich bin in Not, wo gibt es denn einen Platz für mich? Du Barmherziger, Imana des Erbarmens, so hilf doch dieses eine Mal!

(Guilleband 1950, 192 f)

Hymnus auf Mwari

Mwari ist der Schöpfergott von Völkern in Simbabwe (z.B. der Shona), der, der „im Himmel wohnt" und als unerkennbar und fern imaginiert wird. Üblicherweise wird er als männlich gedacht, zuweilen auch als weiblich. Trotz seiner Transzendenz ist er derjenige, der alles regiert, etwa den fruchtbaren Regen bringt und jedermanns Bestes im Sinn hat. Ja, er interveniert sogar in gesellschaftlichen und politischen Angelegenheiten.

Großer Geist!
Der du die Felsen aufeinandertürmst zu hoch emporragenden Gebirgen!
Wenn du auf Steine trittst,
Wird der Staub aufgewirbelt und breitet sich über das Land aus.
Härte des Abgrunds;
Wasserpfützen werden,
Sobald sie aufgewühlt werden, zu dampfendem Regen.
Gefäß, das überfließt von Öl!
Vater des Runji,
Der du die Himmel wie ein Tuch zusammennähst:
Lass ihn zusammenfügen das, was unten ist.
Der du die Bäume mit ihren vielen Zweigen zum Leben rufst:
Du bringst die Schößlinge hervor
Und machst, dass sie aufrecht stehen.
Du hast das Land mit Menschen besiedelt,
Der Staub erhebt sich empor, Herr!

Du Wunderbarer, du wohnst
Inmitten von bergenden Felsen,
Den Regen gibst du den Menschen:
Wir beten zu dir,
Hör auf uns, Herr!
Sei uns gnädig, wenn wir zu dir flehen, Herr!
Hoch droben bist du zusammen mit den Geistern der
   Großen.
Du richtest grasbewachsene Hügel auf
Über der Erde und erschaffst die Flüsse,
Du voller Gnade.

(Smith 1950, 127 f)

Hilferuf eines Buschmanns

Gauwa muss uns ein Tier töten helfen.
Gauwa, so hilf uns, wir sterben sonst vor Hunger!
Gauwa gewährt uns keine Hilfe.
Er hintergeht uns. Er macht uns verrückt.
Gauwa wird uns morgen etwas geben, was wir töten
   können,
nachdem er selbst auf der Jagd war und Fleisch gegessen
   hat,
wenn er sich den Bauch vollgeschlagen hat und zufrieden
   ist.

(Marshall 1962, 247)

Klage der Pygmäen aus Gabun im Exil

Die Lebenswelt der Pygmäen ist der tropische Regenwald (z.B. in Zentral-Zaire). Sie leben als Jäger und Sammler. Auch die Pygmäen nehmen einen Schöpfergott an, der sich aber in ihrer Vorstellungswelt nach der Schöpfung zurückgezogen und zur Ruhe gesetzt

IV. Indigene Kulturen

hat. Waldgeister, die man etwa anruft, um nach Katastrophensituationen das Stammesleben zu erneuern, sowie Entschuldigungsrituale für Tiere sind die entscheidenden religiösen Instanzen bzw. Vollzüge. Auch die Toten gehen in den Lebensraum des Regenwaldes ein und nehmen ihren Platz unter den Waldgeistern ein. Das folgende Gebet ist vom Grundton fragenden Zweifels getragen – ein kritisches Element eines religiösen Selbstverständnisses überhaupt.

Die Nacht ist schwarz, der Himmel ist von Dunkel übersät,
Wir haben das Dorf unserer Väter verlassen,
Der, der alles gemacht hat, ist zornig auf uns ...
Das Licht wird dunkel, die Nacht, und wiederum Nacht,
Der Tag morgen wird Hunger bringen –
Der, der alles gemacht hat, ist zornig auf uns.

Die Alten sind von uns gegangen,
Ihr Zuhause ist weit weg, unten,
Ihre Geister irren umher –
Wo gehen ihre Geister um?
Vielleicht weiß es der Wind, der vorbeizieht.
Ihre Knochen sind weit unten.

Sind sie unten, die Geister?
Sind sie hier?
Sehen sie es, wenn man ihnen Gaben hinstellt?
Das Morgen ist nackt und leer,
Denn der, der alles gemacht hat, ist nicht mehr mit uns – dort,
Er ist nicht mehr der Gast, der bei uns am Feuer sitzt.

(aus: Smart [2]1998, 313)

Wade in the water

Wade in the water,
wade in the water, children,
wade in the water,
God's gonna trouble the water.

Well, who are these children all dressed in red?
God's gonna trouble the water.
Must be the children that Moses led.
God's gonna trouble the water.

Who's that young girl dressed in white?
Wade in the water.
Must be the children of Israelites.
God's gonna trouble the water.

Who's that yonder dressed in blue?
Wade in the water.
Must be the children that's comin' through.
God's gonna trouble the water.

Jordan's water is chilly and cold.
God's gonna trouble the water.
It chills the body but not the soul.
God's gonna trouble the water.

If you get there before I do.
God's gonna trouble the water.
Tell all of my friends I'm coming too.
God's gonna trouble the water.

Watet im Wasser,
watet im Wasser, Kinder.
Watet im Wasser.
Gott wird das Wasser aufwühlen.

IV. INDIGENE KULTUREN

Wer sind diese rot gekleideten Kinder?
Gott wird das Wasser aufwühlen.
Das müssen die Kinder sein, die Mose geführt hat.
Gott wird das Wasser aufwühlen.

Wer ist das weiß gekleidete Mädchen?
Watet im Wasser.
Das müssen die Kinder der Israeliten sein.
Gott wird das Wasser aufwühlen.

Wer ist der blau gekleidete junge Mann?
Watet im Wasser.
Das müssen die Kinder sein, die durchkommen.
Gott wird das Wasser aufwühlen.

Das Wasser des Jordans ist eisig und kalt.
Gott wird das Wasser aufwühlen.
Es lässt den Körper frieren, aber nicht die Seele.
Gott wird das Wasser aufwühlen.

Wenn du vor mir dahin gelangst,
Gott wird das Wasser aufwühlen.
Sag allen meinen Freunden, dass ich auch komme.
Gott wird das Wasser aufwühlen.

(nach dem englischen Text aus: www.gospel-music.de)

When Israel was in Egypt's land

When Israel was in Egypt's land,
Let my people go!
Oppressed so hard they could not stand,
Let my people go!

Go down, Moses,
Way down in Egypt's land.
Tell old Pharao

To let my people go!

„Thus spoke the Lord", bold Moses said,
Let my people go!
If not I'll smite your firstborn dead.
Let my people go!

Go down, Moses ...

No more shall they in bondage toil!
Let my people go!
Let them come out with Egypt's spoil.
Let my people go!

Go down, Moses ...

Als Israel in Ägypten war,
Lass mein Volk ziehen!
Wurden sie so hart unterdrückt, dass sie es nicht mehr
ertragen konnten.
Lass mein Volk ziehen!

Geh, Mose,
Den Weg hinab nach Ägypten,
Sag dem alten Pharao,
Er soll mein Volk ziehen lassen!

„So sprach der Herr", sagte Mose kühn.
Lass mein Volk ziehen!
Wenn nicht, schlage ich eure Erstgeborenen tot.
Lass mein Volk ziehen!

Geh, Mose ...

Nicht länger sollen sie in Fesseln schuften.
Lass mein Volk ziehen!
Lass sie rauskommen, mit Ägyptens Beute!
Lass mein Volk ziehen!

IV. INDIGENE KULTUREN

Geh, Mose ...

(nach dem englischen Text in: www.gospelchor-klangfarben.de)

Aus den Tiefen der Erde – Der Eröffnungsgesang der „Missa dos Quilombos"

Wir kommen aus den Tiefen der Erde,
wir kommen aus der dunklen Höhle der Nacht,
wir sind von ausgepeitschtem Fleisch,
wir sind gekommen, um uns zu erinnern.

Wir kommen vom Tod auf den Meeren,
wir kommen aus den dunklen Schiffsladeräumen,
Erben des Heimwehs sind wir,
wir sind gekommen, um zu weinen.

Wir kommen von den schwarzen Rosenkränzen,
wir kommen von unserem Stückchen Land,
wir gehören zu den verfluchten Heiligen,
wir sind gekommen, um zu beten.

Wir kommen vom Boden der Werkstatt,
wir kommen von Klang und von Form
der verleugneten Kunst, die wir sind.
Wir sind gekommen, um etwas zu schaffen.

Wir kommen aus dem Abgrund der Angst,
wir kommen von den geräuschlosen Wasserströmen,
ein langes Klagelied sind wir,
wir sind gekommen, um Lobpreis zu singen.

Aus dem Exil des Lebens,
den Minen der Nacht,
dem verkauften Fleisch,
dem Gesetz der Peitsche,
des Heimwehs der Meere,

AFRIKA

zur neuen Morgendämmerung!
Wir ziehen nach Palmares,
alle Trommler!!!

Wir kommen von den reichen Herdfeuern,
wir kommen aus den armen Bordells,
wir sind von verkauftem Fleisch,
wir sind gekommen, um zu lieben.

Wir kommen von den alten Schwarzensiedlungen,
wir kommen von den neuen Favelas[18],
von den Rändern der Welt stammen wir.
Wir sind gekommen, um zu tanzen.

Wir kommen von den Zügen der Vorstädte,
wir kommen auf den Trittbrettern der Züge, verrückt ...
mit dem Leben zwischen den Zähnen kommen wir,
wir sind gekommen, um zu singen.

Wir kommen aus den großen Stadien,
wir kommen aus der Sambaschule,
wir kommen und tanzen die Revolte im Sambaschritt,
wir sind gekommen, um uns im Tanz zu wiegen.

Aus dem Exil des Lebens ...

Wir kommen aus dem Bauch der Minen,
wir kommen aus den traurigen Dörfern,
wir sind Schreie, die man erstickt hat,
wir sind gekommen, um wieder zu Kräften zu kommen.

Wir kommen vom Kreuz der Zuckermühlen,
wir beflecken das Kreuz der Taufe mit Blut,
vom Eisen Gezeichnete waren wir,
wir sind gekommen, um zu schreien.

---

[18] Brasilianisches Wort für Slums.

IV. INDIGENE KULTUREN

Wir kommen von den Gipfeln der Hügel,
wir kommen vom Gesetz der Baixada[19]*,*
aus den namenlosen Höhlen kommen wir,
wir sind gekommen, um zu rufen.

Wir kommen von der Erde der Quilombos,
wir kommen vom Klang der Trommeln,
aus den neuen Palmares allein sind wir,
wir sind gekommen, um zu kämpfen.

Aus dem Exil des Lebens ...

(Portugiesischer Text: www.servicioskoinonia.org/Casaldaliga/poesia/quilombos.htm)

Amerika

Wer heute über die autochthonen Religionen Amerikas nachdenkt, kann dies nicht tun, ohne die brutale Eroberungsgeschichte mit zu bedenken, die vor mehr als fünfhundert Jahren ihren Anfang nahm. Die Dezimierung der indianischen Bevölkerung durch Zwangsarbeit auf den Feldern und in den Minen, durch eingeschleppte Krankheiten, durch Gewalt mit überlegener Waffentechnik etc. wird von vielen Historikern als der größte Genozid der Menschheitsgeschichte bezeichnet. Allein in Brasilien wurde eine zur Zeit der Entdeckung (1500) etwa fünf Millionen Menschen umfassende indianische Bevölkerung auf nur noch knapp 200.000 Menschen heute dezimiert. Die gewaltsame Aneignung des südamerikanischen Kontinents, die Ausbeutung der Gold- und Silberminen und anderer Rohstoffe trug

---

[19] Die Baixada Fluminense ist das Tiefland unweit von Rio. Es galt lange Zeit als der größte Drogenumschlagplatz der Welt und vor allem als Gegend rassistisch motivierter Gewalt und rechtsgerichteter Todesschwadronen; d. Verf.

nicht zuletzt zu jener „ursprünglichen Akkumulation" in Europa bei, die den Grundstein für das heute weltweit durchgesetzte kapitalistische Wirtschaftssystem bildete. Die Rolle des Christentums und der Kirche bei dieser Conquista war durchaus ambivalent. Neben der Funktion des Christentums als ideologischer Legitimation und „Unterwerfer der Seelen" sind bereits von Anfang an Bestrebungen zu verzeichnen, die indianische Bevölkerung zu schützen. Geschickt machte sich dabei etwa der Dominikanermönch Bartolomé de las Casas die Interessensgegensätze zwischen der spanischen Krone und den „Encomenderos" vor Ort zu Nutze.

Eine besondere Widerstandsstrategie der autochthonen Bevölkerung lässt sich gerade auf religiösem Gebiet beobachten. Im Andenhochland zum Beispiel wurde unter der äußeren Fassade orthodoxer katholischer Heiligenverehrung den alten Göttern weiter gehuldigt – bis heute. Präkolumbianische Vorstellungen von kosmischen Mächten und der umfassenden Einbettung des menschlichen Lebens in diesen Kosmos sind deshalb heute noch prägend. So spielt in Peru der bereits vor den Inkas verehrte Schöpfergott Viracocha, lebenspendendes Prinzip und „Vater der Sonne", nach wie vor eine Rolle. Besondere Beachtung verdient jedoch die Verehrung der „Mutter Erde", im andinen Raum unter der Bezeichnung „Pachamama" bekannt. Diese mythologische Vorstellung von der Erde als einem Fruchtbarkeit spendenden Wesen erlebt heute unter den Vorzeichen der ökologischen Krise eine wahre Renaissance. Pachamama fand Eingang in die Verfassungstexte zweier moderner Staaten (Bolivien und Ecuador)! Der Mythos von der Erde als einer weiblich gedachten Muttergottheit betont die grundsätzliche Verbundenheit alles Lebendigen, das Eingebettetsein des menschlichen Handelns in übergreifende kosmische Zusammenhänge. Eindrucksvoll wird dies deutlich, wenn man Menschen im Ackerboden begrub, um sie so dem Schoß der Erdmutter zurückzugeben und sie an ihrer lebenspendenden Kraft teilhaben zu lassen. Heute ist ein neues Bewusstsein für den einseitigen Anthropozentrismus okzidentaler Kultur und Religiosität erwacht. Der alte Mythos von der Erdgöttin erfährt eine ungeahnte Bestätigung, nicht zuletzt durch wissenschaftliche Hypothesen, die zeigen wollen, dass die Erde als ein sich selbst regulierendes System, gar als ein Großorganismus zu begreifen ist. Unter anderem James Lovelock hat diese „Gaia-Hypothese" prominent gemacht. Ohne hier ein Urteil über die wissenschaftliche Erhärtbarkeit solcher Auffassungen fällen zu wollen, ist dies doch ein eindrucksvolles Zeugnis dafür, dass sich im mythologischen Gewand tiefe Einsichten verbergen können, die durchaus aktualisierbar und auf ganz neue Weise anzueignen sind.

Hymne an Viracocha

O Viracocha! Herr des Universums, seiest du männlich, seiest du weiblich, Herr der Hitze, Herr der Zeugung! Reicht Orakelkunst hin, um zu erfahren, wo du weilst? Bist du ferne, wo du weilst? Magst du dort oben sein, magst du sein bei deinem Herrscherthron und -szepter, o höre mich! Von der Himmelshöhe, von der Meerestiefe, wo immer du weilst. O Schöpfer der Welt, o Erschaffer der Menschen, o Herr aller Herren! Zu dir allein, mit schwachen Augen, voll Sehnsucht, dich zu erkennen, komm ich zu dir, dich zu erkennen, dich zu verstehen. Du siehst mich, du kennst mich. Sonne und Mond, Tag und Nacht, Frühling und Winter, sie alle eilen, getreu deinem Befehl, von bestimmten Orten an ihre Bestimmung; rechtzeitig kommen sie dorthin, wo immer du befiehlst, du hältst sie fest. O höre mich an! Mach mich zu deinem Auserwählten! Dulde nicht, dass ich ermatte, dass ich sterbe!

(Übers. von G. Wolters, Berlin 1924; zit. nach: Einiger 1964, 161)

Gebet an Viracocha

Du, der du ohnegleichen bist und die Enden der Erde überspannst; du, der du den Menschen Leben und Kraft verliehen hast und zu dem einen sagtest, „Lass den ein Mann sein", und zur anderen „Lass die eine Frau sein" und ihnen so das Leben gabst: Lass sie leben ohne Gefahr, in Frieden und Gesundheit. Du, der du im Himmel bist und im Gewitter, gewähre ihnen ein langes Leben und nimm dieses unser Opfer an.

(zit. nach: Smart ²1998, 183)

Heilige Lieder des Schamanen der Kwakiutl

*Ich wurde von der Zauberkraft des Himmels, dem Schatz, weit weggetragen, ans Ende der Welt, ha, wo, ho.
Erst dann war ich von ihm geheilt, als er wirklich in mich hineingeschleudert wurde, der Bringer vergangenen Lebens von Naulakume, der Schatz, ha, wo, ho.
Ich komme, um zu heilen mit diesen Heilmitteln Naulakumes, des Schatzes. Deshalb werde ich ein Lebensspender sein, ha, wo, ho.
Ich komme mit dem Wasser des Lebens, das mir von Naulakume in meine Hand gegeben wurde, dem Mittel, um zum Leben zu erwecken, dem Schatz, ha, wo, ho.*

[Dann sang Lebid sein anderes heiliges Lied]

*Er wendet sich nach rechts, Armer, dieser Übernatürliche, so, als ob er diesen Übernatürlichen entgegennehmen wolle, ha, wo, ho.
Lass den Übernatürlichen den Lebensbringer sein, den Übernatürlichen, ha, wo, ho.
Auf dass der Arme zum Leben gelangen möge mit dem Lebensbringer Naulakumes, ha, wo, ho.*

IV. INDIGENE KULTUREN

Der Arme kommt, dieser Übernatürliche, um Schutz zu gewähren mit den Schutzmitteln Naulakumes, ha, wo, ho.

(zit. nach: Smart ²1998, 195)

Gebet der Sioux

Die nordamerikanischen Sioux-Indianer bringen in folgendem Gebet ihre erstaunliche Verbundenheit mit anderen Geschöpfen zum Ausdruck. Hintergrund ist dieser: Zu bestimmten rituellen Anlässen essen die Sioux eine besondere Bohnensorte. Sie wächst im Boden und ist für die Menschen schwer zu ernten. Deshalb bedienen sich die Sioux bei den leichter erreichbaren Vorräten, die eine bestimmte Art von Präriemaus für den Winter anlegt. Die Sioux fühlen sich offenbar schuldig, wenn sie die Wintervorräte dieser Maus plündern. Sie ersetzen deshalb die entnommenen Bohnen durch Speck und Mais und sprechen dazu ein bewegendes Gebet:

Du, kleine Präriemaus, bist heilig. Hab Erbarmen mit mir. Du bist zwar schwach, aber immerhin stark genug, um deine Arbeit zu tun, denn du bist erfüllt mit heiligen Kräften. Und du bist weise, denn die Weisheit der heiligen Kräfte ist deine ständige Begleiterin. Ach, könnte ich selbst doch weise sein in meinem Herzen, damit dieses düstere und verwirrende Leben in unvergängliches Licht verwandelt würde!

(aus: Leonardo Boff, A força da ecologia interior, unveröffentlichtes Manuskript, 16. Januar 2009: www.leonardoboff.com)

Dank an die Mutter Erde

Schaut her! Hier liegt Mutter Erde.
Schaut her! Sie schenkt uns ihre Fruchtbarkeit.
Ja, in der Tat, sie schenkt uns ihre Kraft.
Dank sei Mutter Erde, die hier liegt.

Schaut nur auf die aufblühenden Felder auf Mutter
    Erde!
Seht das Versprechen ihrer Fruchtbarkeit!
Ja, sie gibt uns ihre Kraft.
Dank sei Mutter Erde, die hier liegt.

Schaut, wie sich die Bäume ausbreiten auf Mutter Erde!
Seht das Versprechen ihrer Fruchtbarkeit!
Ja, sie gibt uns ihre Kraft.
Dank sei Mutter Erde, die hier liegt.

Wir sehen auf Mutter Erde die Flüsse, die dahineilen;
Wir sehen das Versprechen ihrer Fruchtbarkeit,
Ja, sie gibt uns ihre Kraft.
Wir danken Mutter Erde, die hier liegt.

(Hymne der Pawnee-Indianer, aus: Fletcher 1904, 334)

An Pachamama

Pachamama, ewige Warni, o Quelle, Tor der Sonne,
aus der das Licht geboren wurde für alle Länder und
    Berge der Welt.
Nimm auf in deinen Schoß dieses Volk, mein Herz,
seine Klagen, seine Erde, seine leeren Minen.
O Manala, Pachamama.
Mögen aus deinem brennenden Schoß des Lebens
tausend geschwisterliche Herzen, tausend Lieben,
hunderttausend Lamas und Vikuñas,
hunderttausend Ayllus und ein Stern,

hunderttausend Kinder von unseren Frauen geboren werden.
Ich bitte dich: Durch meinen Glauben und meine Kraft aus deinem mütterlichen Schoß, Pachamama, und durch die ungeheure Kraft der Malkus in der Pampa möge die Blüte der Quinua blühen, und die Geschwisterlichkeit der Ayni möge wiedergeboren werden.

(Juan Condorcanqui aus Oruro, Bolivien; aus: http://velasyahumierasandinas.blogspot.com/search?q=Poema+a+la+Pachamama)

Ozeanien

So vielfältig wie die Geografie, die ethnische Zusammensetzung und die Sprachen der Inselwelt des südlichen Pazifik ist auch die Religiosität der autochthonen Bevölkerung. Einige gemeinsame Grundzüge lassen sich dennoch erheben. Die mythischen Erzählungen kennen einen selbst ungeschaffenen Schöpfergott. Doch ähnlich wie in den traditionellen Religionen Afrikas spielen im Alltag der Menschen zahlreiche Götter und Geister, Seelen der Verstorbenen etc. eine größere Rolle. Die Riten dienen oftmals dazu, den Schaden abzuwehren, den übermenschliche Wesen verursachen können. Sehr pragmatisch geht es in den Riten um die Kontrolle übermenschlicher Einflüsse und nicht um Verehrung oder zwecklose Anbetung. Entsprechend den hierarchischen Strukturen der Gesellschaft denkt man sich auch die Götterwelt als ein hierarchisch gestuftes Pantheon. Für die Religionswissenschaften wurden insbesondere zwei Begriffe aus Polynesien bedeutsam, die sich als Schlüsselbegriffe für eine Phänomenologie der Religionen insgesamt erwiesen und die längst in unseren Sprachgebrauch eingegangen sind: *Mana* (von diesem Wort leitet sich unser manisch, Manie, ab) und *Tapu* (der Ursprung unseres Tabu). Mana meint eine heilige, numinose Macht in Verbindung mit Göttern, Tabubrüchen, heiligen Naturkräften. Tapu meint das Verbotene und Gefährliche. Viel Mana bewirkt Tapu. Besondere Erwähnung verdient noch die Weltsicht in Melanesien, die von Religionswissenschaftlern gelegentlich als „biokosmisch" bezeichnet wird: Das Netz des Lebens wird hier als die entscheidende Grundwirklichkeit erfahren. Der gesamte Kosmos hat daran teil. Hier ergeben sich interessante Anknüpfungspunkte an neuere Entwicklungen in der modernen Kosmologie (Fritjof Capra, Rupert Sheldrake etc.), die aufgrund wissenschaftlicher Einsichten den Kosmos insgesamt nicht mehr mechanistisch begreifen, sondern als Netz von Beziehungen in wechselseitiger Abhängigkeit, als Evolution mit einer Tendenz zu immer höherer Komplexität und Relationalität.

Gebet einer Frau aus Tahiti

Errette mich, errette mich! Es herrscht die Nacht der Götter. Halte Wache ganz nah bei mir, mein Gott! Ganz nah bei mir, o mein Herr! Beschütze mich vor bösem Zauber, vor plötzlichem Tod, vor schlechtem Verhalten mir gegenüber, vor schlechtem Gerede über mich und Verleumdung, vor Intrige und vor Streit über die Ackergrenzen. Lass Frieden walten bei uns, o mein Gott! Bewahre mich vor dem wilden Krieger, der Angst und Schrecken verbreitet und dem sich das Haar sträubt! Ich und mein Geist mögen leben und in Frieden ruhen in dieser Nacht, du mein Gott.

(nach: Craighill 1927, 201)

IV. Indigene Kulturen

Klagelied aus Hawaii

Worin, o Gott, besteht denn meine große Schuld?
Vielleicht habe ich ohne Bedacht gegessen,
ohne Dank zu sagen.
Oder vielleicht hat mein Volk gegessen, was sich nicht geziemt.
Ja, darin besteht die Schuld, Kane des Wassers des Lebens.
O begnadige mich, lass mich am Leben, mich, der dich verehrt.
Schau nicht in Gleichgültigkeit auf mich.
Ich rufe zu dir, gib mir Antwort,
du Herr meines Leibes, der du im Himmel wohnst.
O Kane, lass es blitzen, lass den Donner erschallen,
lass die Erde beben.
Ich bin gerettet, mein Gott hat auf mich geschaut.
Gereinigt bin ich, der Gefahr bin ich entronnen.

(nach: Craighill 1927, 242)

LITERATUR

Aurelius Augustinus, Die Bekenntnisse des heiligen Augustinus. In der Übersetzung von Otto F. Lachmann. Mit einer Einführung von Bruno Kern, Wiesbaden 2008.

Bachl, G., Mailuft und Eisgang. 100 Gebete, Innsbruck 1998.

Beauvoir, S. de, Das andere Geschlecht. Sitte und Sexus der Frau, Reinbek 1968.

Boff, L., Cuidar da terra, proteger a vida. Como evitar o fim do mundo, Petrópolis 2010.

Boff, L., Franz von Assisi und die Liebe Gottes zu den Armen (topos taschenbücher, 715), Kevelaer 2010.

Boff, L., Der Herr ist mein Hirte. Psalm 23 ausgelegt von Leonardo Boff, Düsseldorf 2005.

Boff, L., Vater unser. Das Gebet der Befreiung, Ostfildern 2011.

Boff, L., Daß ich liebe, wo man haßt. Das Friedensgebet des Franz von Assisi, Düsseldorf o.J.

Brecht, B., Mutter Courage und ihre Kinder, in: ders., Gesammelte Werke, Bd. 4, Frankfurt a.M. 1990.

Buber, M., Begegnung. Autobiographische Fragmente, Heidelberg ³1978.

Cabestrero, T., Mystik der Befreiung. Ein Portrait des Bischofs Pedro Casaldáliga in Brasilien. Mit einem Vorwort von J.B. Metz, Wuppertal 1981.

Clarus, L. (Hg.), Werke der heiligen Theresia von Jesus, Regensburg 1851 ff.

Clévenot, M., Al-Hallâj, le „cardeur des consciences", 858–922, in: ders., Quand Dieu etait un monarque féodale (Les hommes de la fraternité, IXe–XIe siècle), Paris 1985, 220–227.

Clévenot, M., Mohandas Karamchand Gandhi, in: ders., Les hommes de la fraternité: XXe siècle, Paris 1993.

Clévenot, M., Sir Thomas More et la liberté de conscience, 1478–1535, in: ders., Un siècle qui veut croire (Les hommes de la fraternité, XVIe siècle), Paris 1988, 51–57.

Clévenot, M., Thérèse d'Avila, 1515–1582, Jean de la Croix, 1542–1591, in: ders., Un siècle qui veut croire (Les hommes de la fraternité, XVIe siècle), Paris 1988, 190–196.

Concilium: Themenheft: Brasilien: Volk und Kirche(n), Heft 3/38, Juli 2002.

Craighill, E.S., Polynesian Religion, Honolulu 1927.

Einiger, Ch., Die schönsten Gebete der Welt. Der Glaube großer Persönlichkeiten, Zürich 1964.

Eliade, M., Geschichte der religiösen Ideen, Bd. 4: Quellentexte, Freiburg i.Br. 1981.

Fitzgerald, J./Fitzgerald, M.O., The Sermon of All Creation: Christians on Nature, Bloomington 2005.

Fletcher, A.C., The Hako, a Pawnee Ceremony, in: Bureau of American Ethnology, Twenty-second Annual Report, Part 2, Washington DC 1904.

Gandhi, M., Handeln aus Geist. Texte zum Nachdenken. Ausgewählt und eingeleitet von Gertrude und Thomas Sartory, Freiburg i.Br. 1993.

Gandhi, M.K., Songs from Prison. Translation of Indian Lyrics Made in Jail (hrsg. von John S. Hoyland), London 1934.

Geerlings, W. (Hg.), Theologen der christlichen Antike. Eine Einführung, Darmstadt 2002.

Grabner-Haider, A./Prenner, K. (Hg.), Religionen und Kulturen der Erde. Ein Handbuch, Darmstadt 2004.

Greshake, G./Lohfink, G., Bittgebet – Testfall des Glaubens, Mainz 1978.

Grigull, T.F., Der Koran, Halle o.J.

Guilleband, R., The Idea of God in Ruanda-Urundi, in: Smith, E.W. 1950, 186 ff.

Hardick, L./Grau, E. (Hg.), Die Schriften des heiligen Franziskus von Assisi, Werl ⁶1980.

Hathaway, M./Boff, L., The Tao of Liberation. Exploring the Ecology of Transformation, New York 2009.

Heiler, F., Das Gebet. Eine religionsgeschichtliche und religionspsychologische Untersuchung, München 1918.

Hell, J., Von Mohammed bis Ghazâli, Jena 1915.

Hillebrandt, A., Kalidasa, Breslau 1921.

Hoffmann, P./Heil, Ch. (Hg.), Die Spruchquelle Q. Studienausgabe. Griechisch und Deutsch. Darmstadt 2002.

Kern, B., Die bedeutendsten Grabreden, Wiesbaden 2010.

Khoury, A.-Th., Gebete des Islam, Mainz 1981.

Kürzinger, R./Sill, B. (Hg.), Das große Buch der Gebete, München 2003.

Lommel, H., Gedichte des Rig-Veda, München 1955.

Ma'Allah, Choix des Prières musulmanes, Rom o.J.

Marshall, L., Kung Bushman Beliefs, in: Africa 31 (1962).

Merkel, R.F., Gebete der Völker, München o.J.

Metz, J.B., Christliche Anthropozentrik. Über die Denkform des Thomas von Aquin, München 1962.

Metz, J.B., Memoria passionis. Ein provozierendes Gedächtnis in pluralistischer Gesellschaft, Freiburg i.Br. 2006.

Metz, J.B., Mystik der offenen Augen. Wenn Spiritualität aufbricht, Freiburg i.Br. 2011.

Michael, H., Hinduismus, in: Grabner-Haider/Prenner (Hg.) 2004, 134–154.

Michel, P. (Hg.), Rig-Veda. Das Heilige Wissen Indiens. In der Übersetzung von Karl-Friedrich Geldner, 2 Bde., Wiesbaden 2008.

Nwyia, P., Ibn Ata Allah (m. 709/1309) et la naissance de la confrérie shadhilite (Recherches A III), Beirut 1972.

O'Brien, E., Varieties of Mystical Experiences, New York o.J.

Ohlig, K.-H., Weltreligion Islam. Eine Einführung. Mit einem Beitrag von Ulrike Stölting, Mainz 2000.

Otto, R., Siddhânta des Râmânuja. Texte zur indischen Gottesmystik, Bd. II, Jena 1917.

Paul, A., Krishnas Weltensang, o.O. 1905.

Pauli, J., Basilius. Theologie des Heiligen Geistes, in: Geerlings, W. (Hg.), 2002, 67–81.

Peacocke, A., Gottes Wirken in der Welt. Glaube im Zeitalter der Naturwissenschaften, Mainz 1998.

Pesch, O.H., Hinführung zu Luther, Mainz 1982.

Pesch, O.H., Thomas von Aquin. Grenze und Größe mittelalterlicher Theologie, Mainz 1988.

Rahner, K., Die ignatianische Mystik der Weltfreudigkeit, in: ders., Schriften zur Theologie, Bd. III, Einsiedeln 1956, 329–348.

Ratschow, C.H., Art.: Das Gebet in der Religionsgeschichte, in: Theologische Realenzyklopädie, Bd. XII, Tübingen 1983, 34.

Reichelt, K.L., Der chinesische Buddhismus, o.O. 1926.

Rückert, F., Übersetzungen persischer Poesie. Ausgewählt und eingeleitet von Annemarie Schimmel, Wiesbaden 1966.

Rückert, F., Werke, Bd. IV, Berlin o.J.

Ryan, C., Der längste Tag. Normandie 6. Juni 1944, Gütersloh 1962.

Schaller, H., Art.: Gebet, in: Eicher, P. (Hg.), Neues Handbuch theologischer Grundbegriffe, Bd. 2, München 1984, 26–34.

Schottroff, L./Stegemann, W., Jesus von Nazareth – Hoffnung der Armen, Stuttgart ³1990.

Schweitzer, A., Wie wir überleben können. Eine Ethik für die Zukunft, Freiburg i.Br. 1994.

Schweitzer, A., Was sollen wir tun?, Heidelberg 1986.

Sider Sefar Emet. Jüdisches Gebetbuch, Basel 1964

Smart, N., The World's Religions, Cambridge ²1998.

Smith, E.W. (Hg.), African ideas of God, London 1950.

Sölle, D., Mystik und Widerstand. „Du stilles Geschrei", München 1999.

Stölting, U., Mystik bzw. Sufik im Islam, in: Ohlig 2000, 303–358.

Tagore, R., Fruit-Gathering, London 1916.

Thomas von Celano, Leben und Wunder des heiligen Franziskus. Einführung, Übersetzung, Anmerkung Engelbert Grau, Werl 1980.

Toynbee, A., Diario ABC, Madrid 1972.

Tschuang-Tse, Der Mann des Tao und andere Geschichten, München 2005.

Upton, Ch., Doorkeeper of the Heart: Versions of Rabia, New York 2004.

Wehr, G., Der Mystiker Martin Luther. Textauswahl und Kommentar, Wiesbaden 2011.

Wehr, G., Die Mystikerin Teresa von Avila. Textauswahl und Kommentar, Wiesbasden 2012.

Wind, R., Maria aus Nazareth, aus Bethanien, aus Magdala. Drei Frauengeschichten, Gütersloh 1996.

Wust, P., Ein Abschiedswort, München ^{11}1984.

SILBERREGION KARWENDEL –
das Paradies für Ihren Erholungsurlaub.

Silberregion und Karwendel, diese beiden Namen stehen für eines der aufregendsten Urlaubsgebiete in Tirol. Es erstreckt sich von der bayerischen Grenze über die Karwendelgipfel bis hinein in die Tuxer Alpen. Die Silberregion Karwendel gehört zu den bekanntesten und besten Wanderregionen im Alpenraum und ist auch speziell für Urlauber die Besinnung und Ruhe suchen das perfekte Wanderziel. Besuchen Sie den ältesten Wallfahrtsort Österreichs, den St. Georgenberg, Sie werden begeistert sein. Einzigartig ist auch das Friedenskreuz am Gipfel des Kleinen Gilfert. Auf dem Friedenskreuz sind alle Symbole der verschiedenen Weltreligionen dargestellt. Diesen friedlichen Ort sollten Sie auf alle Fälle besuchen. Durch die Mitte unserer Region führt auch der bekannte Jakobsweg, für Fernwanderer genau das Richtige.

Hier ein paar Wandervorschläge:

Bibelweg – Ruine Rottenburg, Buch
Streckenverlauf: Parkplatz Gasthof Esterhammer Rotholz - Bibelweg - Notburgafichte - Ruine Rottenburg mit Notburgakapelle - evtl. Knippingspielplatz – Rotholz

Zehn Kapellen Weg, Schwaz/Gallzein
Streckenverlauf: Silberbergwerk Schwaz - Gattern - Wahrbichl - Weisslhof - Silberbergwerk Schwaz

Pilgerwegrunde, Stans
Streckenverlauf: Stans - Laurentiuskirche - Kreuzweg Richtung Maria Tax - St. Georgenberg - Pilgerweg zur Weng – Stans

Wanderung zum kleinen Gilfert, Weerberg
Besonderes:
Das Friedenskreuz beinhaltet die Symbole aller Weltreligionen
Streckenverlauf: Weerberg - Innerst – Nurpens – Kleiner Gilfert

Weitere Wandertouren finden Sie unter:
www.silberregion-karwendel.com/de/natur/wandern

SILBERREGION
karwendel
Natur trifft Kultur
Tirol

Die besten Wanderangebote:
www.karwendel-wanderurlaub.com

Tourismusverband Silberregion Karwendel
Münchner Str. 11, A-6130 Schwaz, Tel. +43 5242/63240,
info@silberregion-karwendel.com, www.silberregion-karwendel.com